6000 nuits

9, rue Victor-Massé – 75009 Paris
www.naive.fr
Loi 49956 du 16 juillet 1949 sur les publications destinées à la jeunesse
Dépôt légal : premier semestre 2012
NL224 – N° d'édition : 224
ISBN : 978-2-35021-277-7

André Borbé

6000 nuits

naïve

À Mimi, Zoé et Salomé pour leur indéfectible soutien durant ces longs mois où mon cœur balançait entre euphorie et découragement,

à Madeleine et Pierre Ledent qui m'ont accueilli au domaine des Fontaines où j'ai écrit la majeure partie de ce roman,

à Nathalie Lemaire pour ses informations précieuses au sujet de l'imprimerie,

à Laurence Bourguignon pour son enthousiasme et ses conseils judicieux,

à Françoise Cruz pour sa confiance,

du fond du cœur : merci.

Pour toi, Momé

Prologue

Le chat ronronnait sur la chaise. D'un geste de la main, le père le poussa, tout en versant le café.

– À table, dit-il.

La petite fille descendit les escaliers et vint s'asseoir dans la cuisine.

– Bonjour, papa.

Elle jeta un rapide coup d'œil sur la table du petit déjeuner :

– Quand c'est qu'on aura encore du chocolat ?

– Patience, ma belle, dans trois jours, nous aurons droit aux nouveaux tickets de rationnement et j'irai t'en chercher.

La mère s'approcha et posa un baiser dans le cou de son mari. Puis elle s'assit à côté de sa fille et passa une main dans ses cheveux en bataille.

– Bonjour, ma chérie. Tu as bien dormi ?

La petite répondit d'un bâillement. Elle s'était emparée

d'un énorme pot de confiture et tentait d'y plonger son couteau.

– Attends, je vais t'aider, lui dit sa mère.

– Ethan, la table est mise. Qu'est-ce que tu fabriques ? dit le père, agacé.

– J'arrive, papa, je regarde juste un truc.

Du hall d'entrée leur parvint une exclamation de joie.

– Beth ! Beth ! C'est pour toi cette fois-ci ! Un Livreur est passé !

Le garçon apparut dans la cuisine, il tenait un colis dans ses mains. La petite bondit de sa chaise et courut jusqu'à lui. Son couteau garni de confiture alla choir sur le sol.

– Maman ! Ça y est ! J'en ai reçu un !

– Tout doux, ma chérie, dit la mère. Pas si fort ! On pourrait t'entendre.

Mais sa voix trahissait aussi son excitation. Elle échangea avec son mari un regard où se mêlaient tendresse et fierté. La petite regagna sa place en tenant le paquet fermement dans ses mains. Sur l'emballage, son prénom était écrit en lettres d'or.

– C'est mon premier ! C'est mon tout premier !

– Ouvre-le ! s'impatienta son frère.

Le père repoussa la nappe sur le coin de la table. Beth s'assit et déposa son précieux paquet. Son grand frère et ses parents se pressèrent autour d'elle. La gamine défit délicatement le papier d'emballage et en sortit un livre.

C'était un petit volume, presque carré, dont la couverture cartonnée ne portait pas de titre.

– Tu me le lis, papa, s'il te plaît ?

– Non, ma belle, si tu l'as reçu, c'est que tu es capable de le lire toute seule. Personne n'a le droit de le lire avant toi.

– Alors, c'est que je suis grande maintenant.

Beth pressa le livre contre son cœur. Elle était impatiente de découvrir ce qu'il contenait. Elle l'ouvrit avec précaution, comme si elle craignait que les mots ne s'en échappent. Une odeur d'encre fraîche et de colle se répandit dans la pièce. Elle tourna le premier feuillet. Une plume d'or ornait la page de garde. C'était la marque des Bienveillants.

Première partie

Les Livreurs

Chapitre I

Les insomnies

Marthe déposa son plumeau et ajusta la pile de livres au pied du petit bureau. Elle porta la main à son dos en poussant un soupir de soulagement. Elle aimait finir le ménage par cette pièce. Il n'y avait pas grand-chose à ranger dans la chambre d'Esther. Les draps n'étaient jamais défaits, l'oreiller restait sans un pli, les rideaux toujours maintenus dans leurs cordons de velours. Et pour cause, Esther ne dormait pas dans son lit. Ni dans aucun autre d'ailleurs. À l'âge de seize ans, elle n'avait encore jamais fermé l'œil de la nuit.

Passé les premières semaines qui suivirent sa naissance, Agathe Bretzel, très inquiète pour son bébé, avait demandé conseil à son beau-frère Théodore qui était médecin. L'homme de science et de bon sens, après l'avoir examinée, avait simplement déclaré que ces insomnies n'altéraient pas la santé de sa nièce, et qu'il n'y avait par conséquent aucune raison de s'alarmer. Madame Bretzel s'était contentée de cette réponse. Toutefois, le docteur avait insisté pour que ce « petit secret » ne sorte pas du cercle familial. À Boucainvillier sous l'occupation, il n'était pas judicieux de se faire remarquer. Cette caractéristique étrange, bien qu'anodine disait-il, serait forcément prompte à leur attirer des ennuis. C'est pourquoi il leur avait recommandé la plus totale discrétion. Mieux valait éviter d'ébruiter la chose, avant qu'elle ne parvienne aux oreilles de la milice.

Ainsi, tous s'étaient accommodés de ne jamais en parler. Tous, ou plutôt toutes, car plus aucun homme ne vivait sous ce toit. La guerre avait apporté à chacun son lot de malheurs. Madame Bretzel avait dû faire face au sien lorsque son mari Théophile, conseiller du roi, avait été tué seize ans plus tôt, quelques jours à peine avant la naissance de sa fille.

Ainsi, la petite Esther avait-elle grandi avec l'image idéalisée d'un père qu'elle n'avait pas connu. Marthe se demandait parfois si cette absence de sommeil n'était pas la manifestation inconsciente du manque d'amour paternel, une sorte de dérèglement du cœur et de l'âme, se disait-elle.

Or, s'il est vrai que les yeux d'Esther étaient continuellement cernés, ces marques étaient plutôt à mettre au compte des nuits passées à lire dans la pénombre, à la lueur d'un abat-jour. Esther, dès qu'elle en avait été capable, s'était plongée dans la lecture avec avidité. Elle avait trouvé dans cette activité silencieuse le moyen d'occuper ses longues heures d'insomnie. Rien n'étanchait jamais son insatiable soif de lire. Aussi attendait-elle avec fébrilité les colis trop rares des Livreurs. On ne savait jamais quand ils passaient. Pas une ombre au-dehors, pas un bruit. C'était toujours une surprise. Alors, quand Esther trouvait au petit matin dans la boîte un paquet portant son nom en lettres d'or, son cœur bondissait dans sa poitrine. Elle se précipitait au salon pour dévorer l'ouvrage écrit à son attention. Elle lisait et relisait avec passion chaque récit reçu, au point de le connaître par cœur. Mais ceux qu'elle affectionnait plus que tout étaient exposés dans la vitrine du bureau de son père : des volumes épais, reliés plein cuir, acquis avant l'occupation, avant le terrible incendie de la Bibliogare… Ces livres abordaient des notions compliquées de politique et de sciences humaines auxquelles Esther ne comprenait pas grand-chose, il est vrai. Elle y revenait pourtant avec assiduité, comme si ces pages jaunies par le temps avaient gardé un peu de la présence de son père défunt. C'est du moins l'interprétation qu'en faisait Marthe. Et la femme d'ouvrage n'en éprouvait que plus d'affection pour cette enfant qu'elle chérissait comme sa propre fille.

La porte s'ouvrit à l'étage en dessous. C'était la petite qui revenait du lycée. Marthe vida la corbeille et quitta la chambre. Elle ne pouvait s'empêcher de l'appeler « la petite », bien qu'Esther fût à présent une jeune fille à la silhouette élancée. Elle avait grandi tellement vite ! Marthe avait parfois l'impression que le temps de l'enfance avait été si court pour elle.

À l'image de sa mère, Esther avait les traits fins encadrés de cheveux sombres, la mine grave, la taille fine. *L'exact contraire de son amie Édith*, songea Marthe, en voyant les deux jeunes filles défaire leurs manteaux. L'adolescente qui accompagnait Esther était blonde et dodue, le visage barré d'un perpétuel sourire. Les deux inséparables se connaissaient depuis la maternelle. Elles étaient nées la même année, à quelques mois d'intervalle, mais Esther paraissait nettement plus âgée que son amie. Comme dans toutes les vraies amitiés, elles n'avaient aucun secret l'une pour l'autre et Édith était la seule, en dehors de la famille Bretzel, à connaître les insomnies d'Esther. Pour tout dire, bien qu'elles fussent totalement différentes, il régnait entre elles une entente parfaite.

– Alors, mesdemoiselles, comment s'est passée cette affreuse journée ?

Marthe aimait devancer les propos négatifs des deux jeunes filles, leur volant ainsi l'opportunité de se plaindre. Ce qu'elles ne manquaient pas de faire malgré tout.

– Affreuse ? Oh non, pire que ça ! s'exclama Esther. Une vraie journée de cauchemar ! Pas vrai, Ed ?

– Véritablement horrible, répondit la blondinette, toujours en souriant.

– Eh bien, moi qui n'ai pas fait de longues études, je me demande ce qui peut être si terrible dans une journée de classe. Quel cours avez-vous eu aujourd'hui ?

– *Lepire !* répondirent en chœur les deux amies.

– Deux heures sur l'histoire de la monarchie pour finir la journée avec ce vieux rabougri de professeur Lepire, tu ne peux pas imaginer à quel point c'est pénible, Marthe ! se lamenta Esther.

– C'est vrai, poursuivit Édith, qu'est-ce qu'on en a à fiche de la vie des rois ! Ils sont tous morts de toute façon. Aujourd'hui, c'est le Commandeur, et on n'a pas le choix. Alors, à quoi bon !

– Allons, ne dis pas ça. Si tu avais connu notre bon roi Rodolphe, tu y trouverais de l'intérêt, j'en suis sûr, affirma Marthe.

Édith fit une moue perplexe, puis elle reprit :

– En plus, au moment où la cloche annonçait la fin des cours, il est parvenu à nous donner douze pages de texte à étudier !

– Et le pire avec Lepire, renchérit Esther, c'est qu'on recommence la journée avec lui demain matin ! Pas question de faire son travail en vitesse, sur le temps de la récré.

– Mes pauvres chéries ! dit Marthe d'un ton gentiment moqueur. Prenez plutôt une part de tarte aux pommes, ça vous changera les idées.

Elle désigna le goûter sur la table de la salle à manger :

– Je l'ai faite tout à l'heure, elle est encore tiède.

– Oh ! Marthe, tu es adorable ! Mais comment te débrouilles-tu pour trouver tous ces ingrédients, quand tout le monde manque de tout ? Tu dois être une fée à mon avis.

Marthe ne releva pas. Esther et son amie prirent place.

– Ça sent rudement bon, dit Édith, en louchant sur le morceau qu'elle portait à sa bouche.

– Aussi bon que le pain frais du beau Mehdi Delahaut ? lança Esther.

– Arrête avec ça ! dit Édith, faussement en colère.

– Ah ? fit Marthe, amusée. Et qui est ce beau Mehdi, on peut savoir ?

– C'est le nouvel apprenti qui travaille à la boulangerie « Par ordre des croissants », dit Édith dont le sourire s'agrandit encore.

– Oui, un garçon couvert de farine qui bafouille dès que Ed lui adresse la parole, se moqua Esther.

Les deux filles se mirent à pouffer de rire en s'échangeant des coups de coude.

– Oh, ne badinez pas avec ça, dit Marthe. L'amour est

une grande et belle chose. Et tôt ou tard, il vient troubler tous les cœurs, même les plus endurcis.

– Allons, Marthe, épargnez-nous vos tirades à trois sous. Nos jeunes filles ont mieux à faire avec leurs études que penser à toutes ces sornettes.

Agathe Bretzel venait de rentrer. Sa longue silhouette se découpait dans la lumière tamisée du couloir. Une odeur d'encre et de papier se répandit dans la salle à manger tandis qu'elle s'avançait. Ses vêtements en étaient toujours imprégnés lorsqu'elle revenait de l'imprimerie qu'elle dirigeait. Comme à son habitude, elle portait un manteau noir et son étole d'hermine posée sur les épaules. Ses cheveux serrés dans un chignon strict lui donnaient un air sévère. Malgré cette apparente froideur, une douceur émanait de sa personne, quelque chose de mélancolique aussi que traduisaient ses grands yeux tristes, curieux mélange d'autorité et de tendresse maternelle.

Mais, en cette fin d'après-midi, Madame Bretzel affichait un visage plus sombre encore que d'habitude. Ses yeux étaient rougis et l'on eût dit qu'elle avait pleuré.

– Bonjour, maman, est-ce que ça va ? demanda Esther. Tu as l'air fatiguée ce soir.

– Termine ton goûter en vitesse, Esther. Nous devons partir.

– Maintenant ? Mais, j'ai énormément de travail pour

demain ! Le professeur Lepire nous a donné douze pages de texte…

– Eh bien, tu y travailleras cette nuit, la coupa sa mère d'un ton qui ne supportait pas la contrariété. Elle jeta un regard en coin à Édith comme pour s'assurer qu'elle pouvait faire ce genre d'allusion en sa présence.

– Vous prendrez tout de même le temps de boire votre thé, madame ?

– Je ne sais pas… Oui…

Sa voix se troubla. Esther lui tendit la tasse de thé que venait de servir la bonne. Madame Bretzel la prit. Ses mains tremblaient.

– Que se passe-t-il, maman ? Rien de grave au moins ?

Agathe Bretzel détourna le regard. Elle trempa ses lèvres dans le thé brûlant, puis déclara :

– Ton oncle Théodore a été arrêté.

Un silence pesant s'abattit sur la pièce.

– Pauvre docteur, dit Marthe dans un souffle.

– Et où allons-nous ? s'inquiéta Esther.

– À la maison d'arrêt. Il paraît qu'il est possible de le voir et de lui parler avant qu'ils ne le mettent en cellule. Mais nous devons faire vite si nous voulons arriver avant le couvre-feu.

Esther enroulait déjà son écharpe autour de son cou :

– Allons-y. Il n'y a pas un instant à perdre.

– Je m'en vais aussi, dit Édith, la bouche pleine de tarte. On se retrouve demain matin ?

– À huit heures, devant la boulangerie, fit Esther avec un clin d'œil qui masquait mal son inquiétude.

Chapitre 2

La maison d'arrêt

Madame Bretzel et sa fille traversèrent le parc d'un pas vif. Les feuilles mortes craquaient sous leurs pieds. Bientôt viendraient les premiers grands froids de l'hiver. Déjà, l'humidité qui montait du sol enveloppait leurs chevilles d'un tapis de brume, et de petits nuages s'échappaient de la bouche d'Agathe Bretzel à chacune de ses paroles.

– Ça s'est passé ce matin très tôt, avant le lever du jour, m'a dit la concierge de son immeuble. Tous les voisins ont été réveillés par le tapage dans la rue. Quand la milice l'a emmené, ton oncle criait et se débattait. Il avait dû sortir la nuit pour se rendre d'urgence auprès d'un malade.

– C'était pourtant facile de savoir s'il disait la vérité ! Pourquoi ne sont-ils pas allés vérifier auprès du malade, tout simplement ?

– Ils ne cherchent pas à savoir ce qui est vrai ou non, Esther. Le règlement interdit à quiconque de sortir la nuit, et ils le font respecter à la lettre. Ton oncle a défié l'autorité. À leurs yeux c'est suffisant pour être mis en prison.

Esther donna un coup de pied furieux dans les feuilles qui jonchaient le sol.

– Mais pourquoi nous imposent-ils ça ? À quoi leur sert ce couvre-feu, tu le sais toi, maman ?

– Je crois que le Commandeur veut nous faire souffrir, pour nous tenir à sa merci… Personne ne connaît la vraie raison. C'est pareil pour toutes les privations, le rationnement… On dit aussi qu'il veut démasquer les Livreurs et les supprimer tous, afin qu'ils ne puissent plus soulager nos peines avec leurs livres qui font du bien… Ton oncle les a toujours soutenus ouvertement. Je me doutais qu'un jour ou l'autre ça lui attirerait des ennuis.

– Tu penses que la milice cherchait un prétexte pour l'arrêter ?

– J'en suis persuadée !

Esther se souvint de repas en famille où l'oncle Théodore parlait des Livreurs dont il vantait le courage et l'abnégation. Il était aussi souvent question des Bienveillants, ceux qui d'après lui écrivaient toute cette littérature si nécessaire au bonheur des gens. Il disait que s'ils étaient encore capables d'espoir malgré ces seize longues années d'occupation, c'était grâce à leurs livres. Et il était persuadé que la puissance de leurs mots donnerait un jour au peuple la force de se dresser contre le Commandeur.

Comme pour faire écho à ses pensées, Madame Bretzel reprit :

– Il ne faut pas se laisser abattre, Esther. Notre famille est accablée par bien des malheurs, c'est vrai, mais nous tiendrons le coup, tu verras. Nous pouvons y arriver si nous nous soutenons l'une l'autre. Je peux compter sur toi ?

– Bien sûr, maman.

Esther prit sa mère par le bras, pour appuyer ses paroles. Arrivées devant l'aubette, elles achetèrent deux billets pour se rendre par le funiculaire jusqu'à la citadelle.

La maison d'arrêt était une bâtisse austère construite sur un promontoire rocheux. C'était la première station du funiculaire avant d'atteindre les remparts de la citadelle qui dominaient la ville. On l'appelait aussi le niveau C. Plus haut, le funiculaire achevait son ascension sur une immense esplanade, où se trouvait autrefois la Bibliogare, avant l'incendie et la prise du pouvoir par le Commandeur.

Dans le hall principal de la prison, à travers une baie quadrillée de barreaux d'acier, on pouvait voir les deux rives de Boucainvillier et le canal aux reflets d'argent qui les séparait.

Esther fixait cette vue imprenable sans la voir vraiment. Elle s'était éloignée de sa mère qui, avec opiniâtreté, négociait auprès d'un petit militaire moustachu pour obtenir une entrevue. L'officier rechignait à la leur accorder, prétextant que l'heure de visite touchait à sa fin.

– C'est bon, allez-y, finit-il par dire à contrecœur, mais dix minutes, pas une de plus.

Agathe Bretzel remercia sobrement. Le petit gradé aboya des ordres à ses subalternes, puis tourna les talons et disparut derrière son bureau.

Elles franchirent une première série de grilles, puis on les conduisit à travers un dédale de couloirs qui sentaient le détergent et l'ammoniaque.

Passé l'angle d'une porte aux multiples serrures, il leur fallut encore gravir une volée de marches qui menaient au parloir où s'entretenaient plusieurs détenus avec leurs familles.

On les fit asseoir sur un banc dans le fond de la salle. Ensuite, elles attendirent en silence durant de longues minutes.

L'oncle Théodore apparut enfin, encadré de deux matons. Il avait le teint pâle, les traits tirés. Un bandeau lui ceignait la tête. Il avait sans doute été blessé lors de son altercation avec la milice.

Il s'assit en face d'elles sur une chaise restée libre :

– Merci d'être venues.

– C'est normal, dit Agathe. Nous avons fait aussi vite que possible. Comment te sens-tu ?

– En colère...

Ils échangèrent un regard. Ils ne savaient pas trop quoi dire en pareilles circonstances.

– Qu'as-tu à la tête ? dit-elle en désignant son bandage.

– Ils m'ont donné un coup parce que je me débattais. Rien de grave, ne t'inquiète pas.

– Y a-t-il quelque chose que je puisse faire ?

– Je ne crois pas.

– Vraiment ?

– Enfin si, peut-être...

– Dis-moi.

– J'ai un service à te demander. Je voudrais que tu récupères ma sacoche de cuir dans laquelle se trouve mon matériel médical. Je l'avais avec moi en rentrant ce matin et ils me l'ont confisquée.

– Bien, acquiesça-t-elle. Mais ça ne sera pas facile. J'ai déjà dû négocier ferme pour qu'on accepte de nous laisser te voir.

– Je sais. Mais j'aimerais que tu essaies quand même, c'est très important pour moi.

– Je le ferai.

– Merci.

Il eut une hésitation :

– Voudrais-tu... le faire maintenant ?

Agathe marqua son étonnement :

– Mais, on ne nous a accordé que quelques minutes...

– Justement. Je crains qu'après, ce ne soit trop tard.

Elle avait l'air contrariée. Elle se leva tout de même et alla droit sur les gardiens.

À peine s'était-elle éloignée que l'oncle se penchait par-dessus la table pour s'adresser à sa nièce :

– Esther, méfie-toi, c'est toi qu'ils cherchent maintenant !

Il avait prononcé ces paroles d'une traite. Il jeta un coup d'œil par-dessus son épaule, puis reprit :

– Ils se doutent que quelqu'un va recevoir la plume d'or bientôt. Ils en parlent, je les ai entendus. C'est pour ça que la milice s'agite.

Sa voix n'était qu'un souffle et Esther dut se pencher à son tour pour l'entendre.

– J'ai toujours su pour toi, Esther, dès tes premières nuits d'insomnie.

– Je... Je ne comprends pas ce que vous dites, mon oncle.

– Tiens-toi prête car il ne te reste plus beaucoup de temps. Il faut que tu les rejoignes...

Il s'interrompit. Tous les regards avaient convergé de l'autre côté de la pièce où le ton venait de monter :

– Allez me chercher votre supérieur, nous verrons bien s'il est du même avis ! s'énervait Madame Bretzel.

– Écoutez, ma petite dame...

L'oncle Théodore profita de l'aubaine :

– Vite, Esther ! Prends cette petite boîte dans ma doublure !

De ses mains menottées, il indiqua l'intérieur de son veston :

– Garde-la avec toi et n'en parle à personne, tu entends ! Même pas à ceux en qui tu as confiance. À personne !

À ce moment, le maton en chef entra et claironna :

– Les visites sont terminées. Les prisonniers regagnent leur cellule. Exécution.

Il y eut quelques grognements de protestation puis les hommes se levèrent docilement.

– Théodore, dit Madame Bretzel, d'une voix tremblante.

– Ce n'est rien, Agathe, ce n'est rien.

Certains visiteurs s'étaient mis à pleurer. L'oncle trouva la force de sourire.

– Ça va aller, tu verras. Sois forte. Soyez fortes toutes les deux.

Il quitta la pièce en adressant un dernier regard à sa nièce.

Dans le wagon qui amorçait sa descente, mère et fille restaient muettes. Chacune plongée dans d'amères pensées. Ce fut Agathe qui rompit le silence :

– Il faut nous faire à l'idée, je crois que nous ne reverrons pas l'oncle Théodore avant longtemps. Pas tant que cette ville vivra sous l'occupation en tout cas… Pauvre homme. Lui qui a toujours été si bon, qui a consacré sa vie à aider les autres…

À l'horizon, le soleil disparaissait derrière la colline. Des réverbères s'allumèrent dans la ville basse.

– Tu te rends compte, reprit-elle, même au moment d'être jeté en prison, il songe encore à ses patients ! Nous avons au moins la consolation d'avoir pu récupérer cette sacoche à laquelle il tient tant.

Elle eut un petit sourire amer. L'officier à moustache avait fini par céder une seconde fois, pour se débarrasser d'elle. Il avait ordonné qu'on lui remette tout ce qui appartenait à son beau-frère.

– Au fait, que t'a-t-il dit pendant que j'essayais de faire entendre raison à cet abruti de gardien au parloir ?

– Pas grand-chose… Il a parlé de la milice…

Esther évita d'en dire plus. Elle était troublée. Que fallait-il penser des propos tenus par son oncle ? Elle sentait que ses paroles l'avaient ébranlée, comme si une part d'elle-même comprenait de manière confuse ce qu'il avait voulu dire. Devait-elle à présent se méfier de tout le monde ?

Le funiculaire arrêta sa course dans un bruit de ferraille sinistre. Lorsqu'elles franchirent le canal dans l'autre sens, il faisait presque nuit.

– Hâtons-nous, ma fille. La cloche du couvre-feu ne va pas tarder à sonner.

Elles pressèrent le pas. Dans sa poche, Esther serrait très fort la petite boîte de l'oncle Théodore.

La maison était endormie. Au-dehors, la ville était plongée dans l'obscurité. Esther abandonna le texte qu'elle tentait vainement d'étudier. Pas moyen de se concentrer. Son regard glissait sans cesse vers la boîte posée sur son bureau.

À peine rentrée, elle s'était précipitée dans sa chambre pour découvrir ce qu'elle contenait. À l'intérieur, elle avait trouvé une poignée de dragées vertes. Pas de posologie, ni indication d'aucune sorte. Sur une des faces de la boîte, une inscription succincte, gribouillée à la hâte par son oncle :

Où bon me semble – Impasse des Regrets

Esther se sentait terriblement frustrée. Elle n'y comprenait rien. S'il s'agissait d'une adresse, elle n'avait aucune idée de l'endroit où cela pouvait se trouver.

Elle tenta de se replonger pour la centième fois dans le cours du professeur Lepire. Il fallait apprendre par cœur les noms des vingt-sept provinces sur lesquelles avait régné la famille royale durant toute sa dynastie et pouvoir les situer sur la carte.

Une idée lui vint soudain. Il y avait quand même peut-être un moyen de savoir ce que signifiait ce message.

Elle quitta sa chambre et descendit sur la pointe des pieds. Dans le vestibule, elle alla droit au placard où sa mère avait rangé les effets du docteur qu'elle avait récupérés à la maison d'arrêt.

La porte grinça sur ses gonds lorsqu'elle l'ouvrit. Elle se tint immobile un court instant, puis chercha à tâtons la sacoche de cuir. Elle la trouva sans peine et l'emmena au salon.

À la lumière du lampadaire, elle fourragea à l'intérieur. Hormis le matériel médical classique, elle trouva un petit carnet rouge rempli de notes incompréhensibles : des noms d'ingrédients, de plantes médicinales sans doute, des mesures précises réparties dans des semainiers... Elle le remit à sa place et finit par mettre la main sur ce qu'elle espérait trouver : un plan de la ville. Il n'était pas en très bon état, le papier était déchiré par endroits, mais il s'agissait d'une édition assez récente et Esther se dit qu'il ferait l'affaire. Elle sortit de sa poche l'adresse inscrite sur la petite boîte. Elle consulta longuement la carte, lut et relut l'index. L'impasse des Regrets n'y figurait pas. Déçue, elle abandonna ses recherches, et regagna sa chambre.

« ... J'ai toujours su pour toi, Esther, dès tes premières nuits d'insomnie... »

Les paroles de son oncle résonnaient dans sa tête et lui paraissaient toujours plus obscures à mesure que les heures passaient.

« Il ne te reste plus beaucoup de temps... Il faut que tu les rejoignes... »

Esther ne savait plus que penser. Elle vit le jour se lever avec une seule certitude dans le cœur : il fallait qu'elle en parle à Édith.

Chapitre 3

Deux oiselles

Le lendemain matin, une bise du nord faisait rougir les joues de l'automne. Partout dans la ville, les passants pressaient le pas. Devant la boulangerie, Esther attendait son amie. Elle avait enfoui ses mains au fond des poches de son manteau de laine. *J'aurais dû écouter Marthe et prendre mon écharpe*, se dit-elle. Sur le trottoir d'en face, une petite fille volubile parlait à sa mère :

– C'est magnifique, maman, je t'assure ! Et encore, je ne suis qu'au premier chapitre ! J'ai hâte de lire la suite.

– Tais-toi, Beth, dit son grand frère qui se tenait à côté d'elle.

– Oui, ma chérie, tu nous expliqueras ça ce soir, d'accord ? lui dit sa mère en rajustant son col.

Mais la petite continua de raconter avec enthousiasme. Soudain, les passants s'immobilisèrent. Une patrouille venait d'apparaître en haut de la rue. Aussitôt, tout le monde se tut et baissa la tête. Les hommes en uniforme descendirent au pas, en faisant claquer leurs bottes sur la chaussée. Un officier leva la main et ils s'arrêtèrent net, à la hauteur de la mère et de ses deux enfants.

Le brigadier ôta ses gants de cuir, les plia avec soin et les suspendit à sa ceinture. Puis il se pencha vers la gamine et lui fit une grimace qui se voulait un sourire :

– Dis-moi, petite fille, comment t'appelles-tu ?

– Beth, monsieur.

– « Bête monsieur » ? dit l'officier, faisant mine d'être offusqué. Tu oses insulter un soldat du Commandeur ?

– Non ! Non, monsieur ! Beth, c'est mon prénom !

– Mais bien sûr ! Il semblait s'amuser du trouble de la petite. Beth, comme... « Quelle belle Beth » ou « brave Beth », n'est-ce pas ?

L'enfant, toute pâle, ne répondit rien.

– Tu es une gentille petite, il me semble. Alors, je vais te donner un conseil, Beth : sois toujours sage et respectueuse de la loi. Car, sais-tu ce qui arrive à ceux qui ne respectent pas les règles édictées par notre Commandeur ? Le sais-tu ?

Tandis qu'il prononçait ces paroles, il ne regardait plus l'enfant mais dévisageait sa mère avec insistance. La petite fit non de la tête.

– Ceux-là, dit-il, nous les écrasons comme de sales petites bêtes.

Et, d'un coup, il frappa son talon au sol pour écraser un insecte imaginaire. Puis il se redressa et fit signe à sa patrouille de se remettre en marche.

– Bonne journée, petite Beth, lança-t-il en descendant la rue.

Une fois que la milice eut passé le coin, les gens reprirent leurs conversations. Tout le monde était habitué à ce genre de brimade à Boucainvillier, c'était le lot quotidien. Malgré tout, Esther eut pitié de la gamine qui s'était réfugiée dans les bras de sa mère. Même si elle avait toujours connu l'occupation, Esther ne pouvait réfréner un sentiment de révolte chaque fois qu'elle assistait à ce genre de scène. Elle aurait voulu faire quelque chose, mais quoi ? S'interposer au risque d'être embarquée ? C'était la crainte que partageaient tous les habitants de la ville. Alors chacun se taisait…

Esther commençait à s'impatienter. Elle s'approcha du soupirail de la boulangerie d'où s'échappaient de délicieux effluves de cuisson. Une douce chaleur remonta le long de ses jambes et la fit frissonner. Plus bas dans la rue, elle aperçut une fille aux cheveux blonds rassemblés négligemment sous un béret. Édith remontait le trottoir en souriant. Elle était en retard, comme à son habitude.

– Merci de m'avoir attendue, dit-elle.

– Pas de quoi. Il fait si bon.

Édith ne releva pas le sarcasme de son amie.

– On entre une minute ?

– Ed ! On est déjà en retard !

– Juste une minute ! dit la jolie blonde, en joignant les mains pour supplier.

– C'est bon, fit Esther d'un ton résigné. J'ai quelque chose à te dire de toute façon.

– À propos, comment va ton oncle ? questionna Édith, la main sur la poignée.

– Justement...

La porte de la boulangerie s'ouvrit brusquement, manquant de faire tomber Édith.

– Oh ! Pardon... Je... Désolé...

Un grand garçon tout de blanc vêtu se tenait dans l'encadrement. Il avait de la farine dans les sourcils et jusque dans sa tignasse emmêlée. Il s'avança pour leur faire la bise puis se retint.

– Eh bien, « Monsieur Delahaut », quelle fougue ! dit Édith, d'un air enjoué.

– Oh ! Excuse-moi, bredouilla Mehdi. Je n'avais pas vu que... Vous voulez entrer ? Il... Il fait froid ce matin...

– Merci « mon brave ».

Édith aimait le taquiner en prenant ce ton condescendant, c'était sa manière de créer un peu de complicité entre eux. Elle pénétra dans la boulangerie. Au moment de franchir la porte, elle libéra ses cheveux du béret et secoua sa chevelure d'or sous le nez de l'apprenti. Puis, elle s'avança d'un pas royal, jusqu'au comptoir.

Pendant qu'elle commandait une miche de pain, Esther était restée sur le pas de la porte. Elle s'aperçut que Mehdi la fixait et elle en fut décontenancée.

– Fini de travailler ? demanda-t-elle pour rompre le silence.

– Oui, fit le jeune homme. Enfin... non. Je dois encore balayer l'atelier.

– Tu as sûrement hâte de regagner ton lit !

– Ah ça oui ! soupira-t-il. Je suis complètement vidé. Tu n'imagines pas ce que c'est que de rester éveillé toute la nuit, quand la ville entière est endormie.

– Non, en effet, je n'arrive même pas à l'imaginer, dit-elle en souriant. Mais, bien sûr, le jeune homme ne pouvait comprendre l'ironie de sa remarque.

– Ouh là là ! Dépêche-toi, Ed ! J'entends la cloche qui sonne pour la deuxième fois ! La surveillante va nous tomber dessus, c'est sûr !

– J'arrive, j'arrive.

Édith fourra la miche encore tiède dans son sac.

– À demain, Mehdi.

– Oui, à demain, « ma chère », dit l'apprenti qui rougit aussitôt de son audace.

Les deux jeunes filles coururent à toutes jambes en direction du lycée. Édith, qui ne suivait pas la cadence, s'était remise à marcher.

– Comme il est beau ! dit-elle, à bout de souffle.

– Comme on est en retard ! répondit son amie, à bout de patience.

Jusqu'au fond de la classe, on entendit craquer les os du vieux professeur quand il se leva de sa chaise. Monsieur Lepire jubilait :

– Encore en retard, mes deux oiselles !

Esther et Édith avaient en horreur ce surnom dont il les avait affublées dès le début de l'année. Assises à leur place, elles fixaient le tableau, résignées à entendre la sentence qui allait tomber. L'homme scrutait leur réaction de ses petits yeux perçants. Il avait le visage chiffonné de quelqu'un qui aurait vieilli prématurément. De sa poche, il sortit un petit livre qu'il leur tendit.

– Par conséquent, reprit-il, je me vois dans l'obligation de vous punir. Vous recopierez les trente premières pages de cet excellent ouvrage rédigé par le duc Hector à l'attention de son épouse la princesse Meredith. Son récit de voyage « Partir sans vous quitter » vous apprendra peut-être à *partir* à l'heure en ayant *quitté* votre lit plus tôt, n'est-ce pas, mademoiselle Signet ?

Toute la classe éclata de rire. Le professeur parut très satisfait de l'hilarité qu'il avait provoquée. Il s'approcha d'Esther :

– Quant à vous, mademoiselle Bretzel, que diriez-vous de *partir* sans avoir choisi de nous *quitter* ? Pensez à la chance que vous avez de pouvoir vous rendre où bon vous semble, alors que certains d'entre nous sont jetés en prison ! N'est-ce pas là une véritable chance ? Alors, faites attention, et agissez en conséquence !

Cette fois la classe resta silencieuse. Personne n'y avait rien compris.

– Bon, assez perdu de temps, dit le professeur d'un ton mauvais. Reprenons le travail.

Il regagna sa place sur l'estrade, en traînant les pieds.

Esther bouillonnait. Elle avait une envie folle de lui dire qu'elle se fichait pas mal de son cours, de ses punitions et de ses plaisanteries stupides. Mais ça n'aurait servi à rien. Elle ravala sa colère et tenta de concentrer ses pensées sur autre chose, pour se calmer.

La matinée de classe touchait à sa fin et Esther n'avait pas encore trouvé l'occasion de parler à son amie. C'est à peine si elle aurait pu dire de quoi traitaient les cours auxquels elle venait d'assister, tant son esprit était ailleurs, accaparé par le souvenir des événements de la veille.

Quand vint la pause de midi, les deux amies se rendirent dans les toilettes désaffectées du sous-sol, comme elles avaient coutume de le faire lorsqu'elles voulaient s'isoler. C'était à peu près le seul endroit où elles savaient que l'on ne viendrait pas les déranger.

Ce local avait été surnommé « l'aquarium », à cause sans doute du carrelage vert émeraude qui recouvrait les murs et le sol. C'était le nom de code utilisé autrefois par les étudiants pour s'y réunir en secret : « Rendez-vous tout à l'heure dans l'aquarium. » Mais l'endroit n'était plus guère fréquenté, à la grande satisfaction d'Esther et Édith qui continuaient seules de s'y rendre fréquemment.

La voix résonnait étrangement dans ce sous-sol poussiéreux. Mais on s'y sentait en sécurité. Les deux amies avaient échangé bien des secrets dans cet endroit, pourtant ce qu'Esther s'apprêtait à dire aujourd'hui lui semblait soudain plus compliqué.

Elle commença par relater la visite à la maison d'arrêt. Édith l'écoutait sans dire un mot. Elle lui décrivit la mine triste de son oncle et sa blessure à la tête. Puis, hésitante, elle évoqua ce qu'il lui avait confié, qui n'avait cessé de la tourmenter depuis : la milice qui la recherchait, l'initiation, les insomnies comme un signe...

– Ça paraît complètement délirant tout ça, tu ne trouves pas ? dit-elle, mais sa voix manquait d'assurance. Elle scrutait avec anxiété le visage de son amie pour y lire sa réaction. Au fond d'elle, elle aurait souhaité qu'Édith accorde du crédit aux paroles de son oncle.

– Il n'y a pas de doute, c'est du délire, répondit-elle. C'est peut-être ce coup qu'il a reçu sur le crâne.

Esther triturait nerveusement la petite boîte dans sa poche. Elle avait cru que se confier la soulagerait, mais elle constatait qu'il n'en était rien et elle commençait à regretter d'avoir parlé.

– Oui, tu as sans doute raison, mais... Il avait l'air si inquiet ! Il a dit aussi... qu'il ne me restait plus beaucoup de temps.

– Arrête, Esther, tu te fais du mauvais sang pour rien. Il a sans doute voulu te mettre en garde contre la milice. Comme il venait d'être arrêté, il avait peur pour toi, c'est évident !

– Oui, peut-être... Mais quand même, si c'était vrai ?

– Si c'était vrai quoi ?

– Je ne sais pas... Tout ça, le danger qui me menace, tous ces malheurs qui accablent ma famille !

– Écoute, Esther, je crois que tu exagères. Pardonne-moi de te dire ça, mais tu n'es tout de même pas la seule personne à vivre des choses pénibles. En ce moment, c'est difficile pour tout le monde, au cas où tu l'aurais oublié.

– Non, je ne l'ai pas oublié, Édith, j'essaie juste de comprendre, répondit Esther.

– Oui, bon, excuse-moi, j'ai eu tort de dire ça, reprit son amie plus doucement. Si je te secoue, c'est parce que je pense qu'au fond de toi, tu as envie de croire à toutes ces choses.

– Eh bien oui, j'y crois ! Et je vais même plus loin : quand mon oncle a dit « *Il faut que tu les rejoignes* », j'ai tout de suite repensé à cette rencontre étrange que nous avions faite au parc, quand nous étions petites, tu te souviens ?

Édith fronça les sourcils.

– Mais si, insista Esther. On jouait sur les balançoires. Deux vieilles personnes sont venues nous parler. Un petit homme tout maigre et une vieille dame avec des yeux très doux. Ils ont dit que nous devrions toujours rester amies, que tu étais quelqu'un de bien et que moi j'étais précieuse pour « eux », qu'un jour je « les » rejoindrais.

– Ha ha ! Esther ! Ne me dis pas que tu crois toujours à cette histoire ! C'est trop drôle !

– Je ne vois pas ce qu'il y a de drôle là-dedans, fit Esther, piquée au vif.

– Enfin ! On s'était amusées à inventer des personnages tout l'après-midi. Ces vieux-là, c'était notre imagination, rappelle-toi ! On trouvait ça tellement beau, qu'on a voulu y croire... Mais on n'avait que six ans, Esther. Allez, quoi ! Redescends sur terre !

Esther se renfrogna.

– Franchement, reprit Édith, je ne vois pas pourquoi tu veux à tout prix croire à tout ça. C'est complètement farfelu.

– Et cette adresse qu'il m'a donnée ? Qu'est-ce que c'est, à ton avis ?

Esther sortit la boîte de sa poche et la tendit à son amie. Édith dut plisser les yeux pour déchiffrer ce que le docteur avait écrit :

– « Où - bon - me semble - Impasse des - Regrets ».

– Si cet endroit existe, je le trouverai, dit Esther. Et, si je le trouve, cela voudra dire que tout ça est vrai !

Son amie eut l'air perplexe :

– Ça ne prouve rien du tout. C'est peut-être juste un endroit où ton oncle devait se rendre, l'adresse d'un de ses patients.

– Possible. Mais c'est forcément important. Et il est possible aussi que j'y trouve des réponses à mes questions.

Édith sembla sur le point de dire quelque chose, mais elle se ravisa. Esther s'en aperçut :

– Quoi ? Qu'est-ce qu'il y a ?

– Cet endroit existe, dit Édith, j'en ai déjà entendu parler...

L'espoir fit bondir le cœur d'Esther.

– Mais je te déconseille de t'y rendre, s'empressa-t-elle d'ajouter.

– Et pourquoi ?

– Parce qu'il se trouve dans la ville basse, et que c'est un quartier louche, avec des bistrots malfamés à tous les coins de rue.

– Ah bon ! s'étonna Esther. Et qu'est-ce que tu en sais toi, « chère Édith des beaux quartiers » !

Exaspérée, elle lui reprit la petite boîte des mains.

– Oh, mais je n'ai pas toujours habité près du parc comme toi, je te le rappelle, dit Édith. Avant, mon père avait son salon de coiffure rue Frisottis, près de l'embarcadère, et nous habitions à l'étage. Et crois-moi, il s'en raconte des choses dans un salon de coiffure. Cet endroit, j'en ai entendu parler plus d'une fois ! Les officiers qui venaient se faire raser disaient : « Y a encore eu du rififi cette nuit dans le quartier du Marais, paraît que c'était pas beau à voir ! » L'impasse des Regrets se trouve dans ce quartier. Voilà pourquoi je ne veux pas que tu y ailles, et même je te l'interdis !

– Tu me l'interdis ! fit Esther, abasourdie. Pour qui te prends-tu ? Tu n'es pas ma mère, que je sache !

– Non, mais je suis ta meilleure amie, et je ne veux pas qu'il t'arrive des ennuis.

Esther ne trouva rien à répliquer. Dans sa tête, ses paroles faisaient soudain écho à celles de son oncle :

« ... n'en parle à personne ! Même pas à ceux en qui tu as confiance... »

Elle sentit son cœur se serrer. Se pouvait-il qu'Édith ne soit pas digne de confiance comme elle l'avait toujours cru ? Pourquoi tenait-elle tant à la dissuader de se rendre impasse des Regrets ?

Esther fit mine de se raviser :

– Bon, très bien, n'en parlons plus. Après tout, on ne va pas se disputer pour si peu.

– Vraiment, tu renonces à y aller ?

– Mais oui, je m'en fiche.

– Oh, Esther ! Comme je suis soulagée de t'entendre dire ça ! Tu commençais à me faire peur avec toute cette histoire.

– On oublie tout ?

– On oublie tout !

À l'étage au-dessus, la cloche annonça la reprise des cours. Elles remontèrent les escaliers.

– Tout de même, ce que tu peux être entêtée quand on te contrarie, lâcha Édith qui avait retrouvé son sourire.

– Entêtée, moi ?

– Mais oui ! La pire des entêtées !

– Eh bien, je préfère être la pire que Lepire !

Ainsi, leur réconciliation fut scellée par un grand éclat de rire qui résonna dans les couloirs tout encombrés d'étudiants.

Chapitre 4

L'impasse

Esther n'avait pas renoncé à son projet. Mais elle avait tenu à ce qu'Édith le croie. Elle ne doutait pas vraiment de la sincérité de son amie, simplement, elle savait à présent qu'il lui faudrait agir seule si elle voulait avoir les coudées franches.

Au moins, elle avait obtenu une réponse à ses questions : l'impasse des Regrets existait bel et bien. Elle avait même un indice pour la trouver : non loin de la rue Frisottis, près de l'embarcadère. Quant à savoir ce qu'elle y trouverait, c'était une autre affaire. Elle était décidée, elle partirait cette nuit.

Au repas du soir, elle avait l'estomac noué. Marthe fit d'ailleurs remarquer qu'elle n'avait pas grand appétit, mais devant le mutisme de Madame Bretzel, elle n'insista pas. On n'avait pas reçu d'autres nouvelles de l'oncle Théodore et la soirée se passa sans incident notable.

Une fois dans sa chambre, Esther trouva un mot sur son bureau :

« En rangeant le salon, j'ai vu que tu avais consulté cette carte. Je suppose que ça concerne ton cours de géographie. J'ai pensé que tu en aurais peut-être encore besoin, alors la voici. Affectueusement. Marthe. »

Brave Marthe, pensa Esther, *que ferais-je sans elle ?* Elle entreprit aussitôt de repérer sur la carte la rue Frisottis. Hélas, celle-ci n'y figurait pas non plus. Esther la replia rageusement. *Tant pis*, se dit-elle, *j'irai jusqu'à l'embarcadère et de là, je finirai bien par trouver les rues que je cherche.* Elle sentait son cœur battre à l'idée qu'elle allait sortir en secret la nuit. Elle ne l'avait jamais fait.

À seize ans, on pouvait considérer qu'elle était une fille raisonnable et obéissante. Elle avait toujours supporté en silence l'absence de son père et la mélancolie de sa mère. Être une enfant sage était sa manière de ne pas la tourmenter davantage. Elle éprouvait même une sorte de culpabilité à être « différente » des autres. Elle considérait son insomnie chronique comme un handicap qu'il fallait camoufler et qu'elle tentait de faire oublier derrière la gentillesse et la discrétion.

L'acte qu'elle s'apprêtait à commettre allait peut-être tout changer. Ou bien peut-être rien du tout, si personne ne s'en apercevait. Elle sentait le besoin de se rassurer. Oserait-elle traverser la ville, seule, en pleine nuit ? Parviendrait-elle à éviter la milice ? Et puis, on racontait tellement de choses inquiétantes au sujet de la ville basse... Allait-elle seulement trouver l'impasse ? Peut-être reviendrait-elle bredouille. Raison de plus pour y aller seule et éviter de passer pour une imbécile. Elle se surprit à sourire.

Au fond, malgré toutes ces questions, elle s'étonnait de sa propre détermination. Comme si ce projet n'était pas le fruit de sa propre volonté mais qu'une force supérieure la poussait à accomplir une sorte de mission.

Elle sentait confusément que quelque chose d'important allait se jouer dans les prochaines heures. Quelque chose d'irréversible et de passionnant qui changerait sa vie.

Lorsque la pendule du salon sonna trois coups, Esther décida que le moment était venu. Elle descendit à pas de loup jusque dans le hall, enfila son manteau, s'emmitoufla dans la vieille écharpe de son père et sortit sans faire de bruit.

Dehors, la nuit était claire. Les arbres du parc immobiles. Un gros quartier de lune miroitait sur le pavé luisant. Au loin, le bruit du piétinement régulier d'une patrouille s'éloignait. Elle attendit qu'il disparaisse tout à fait, puis elle emprunta les escaliers qui descendaient vers la ville basse. Une fois arrivée tout en bas, elle franchit le pont et suivit la rue qui longeait le canal. L'embarcadère se trouvait tout au bout.

Elle marchait, le cœur léger, oubliant presque la milice et les raisons de son escapade. C'était bon, ce sentiment de liberté tout à coup ! Seul le clapotis de l'eau contre le flanc des péniches amarrées troublait par instants le silence. Esther s'apprêtait à pénétrer dans le quartier du Marais, quand elle s'arrêta net. Elle venait de percevoir une ombre en mouvement quelque part, sur sa droite. C'était peu de chose en réalité, à peine une vague sensation. Mais elle se sentit soudain très mal à l'aise. Elle tourna la tête lentement, ne vit rien. La rue était déserte. Plus haut, au-dessus des toits, un oiseau de nuit prenait son envol. Esther était à l'âge où courage et inconscience se confondent. Elle s'avança résolument dans les ruelles étroites.

Peu à peu, elle reconnut aux descriptions qu'elle lui en avait faites le quartier où vivait autrefois son amie. La rue Frisottis avait été rebaptisée passage du Bon Soldat. Par chance, quelqu'un avait gravé l'ancien nom en plus petit sur la plaque, par esprit de rébellion. Elle comprit du coup pourquoi ses recherches sur la carte récente de son oncle n'avaient rien donné. Après l'invasion, le Commandeur avait fait renommer chaque rue et chaque avenue, afin d'effacer définitivement toute trace de l'ancien règne. Comment n'y avait-elle pas pensé !

L'endroit n'était guère accueillant. Plus aucune maison n'était habitée. *Voilà sans doute la raison pour laquelle je n'ai pas croisé la milice*, se dit Esther. La plupart n'avaient plus de vitres, ou elles étaient brisées. Le plus souvent, on avait cloué des planches en travers des portes, pour éviter que quelqu'un n'y entre. Les hauts murs et les toits pentus plongeaient les lieux dans une profonde obscurité.

À partir de là, Esther parcourut méthodiquement les rues environnantes et finit par trouver l'impasse des Regrets, qui portait à présent le nom peu engageant d'impasse du Rat Mort. Son cœur se mit à battre plus fort : tout au fond, une lumière brillait. Très haut dans le ciel, l'oiseau de nuit poussa un cri qui ressemblait à un éclat de rire. Elle voulut y voir un bon présage et s'aventura dans la ruelle.

La lumière provenait de deux minuscules fenêtres ovales flanquées de chaque côté d'une énorme porte de bois aux moulures ouvragées. Au-dessus, écrit en lettres florales, on pouvait lire :

Où bon me semble – Menus astronomiques

Le jeu de mots la fit sourire. Fallait-il s'attendre au service d'un grand chef étoilé, ou bien le *g* de « gastronomique » s'était-il effacé avec le temps ? C'était en tout cas un drôle d'endroit pour tenir un restaurant. Quel genre de client pouvait bien vouloir s'aventurer jusqu'ici la nuit ? D'ailleurs était-ce vraiment un restaurant ? Esther avait les mains moites. Elle desserra l'écharpe autour de son cou. Devait-elle frapper à la porte ? Cet endroit ne lui disait rien qui vaille, mais il était un peu tard pour renoncer. Elle s'approcha d'une fenêtre. Le verre épais, teinté de jaune, ne laissait pas voir grand-chose de l'intérieur. Elle put pourtant distinguer une vague silhouette. Elle s'avança encore, jusqu'à coller son front au carreau. Un géant en toque blanche s'agitait au milieu du couloir. L'homme était si volumineux qu'il occupait presque tout l'espace. Il tenait à la main un couteau si grand que l'on eût dit une épée. Sur son ventre étaient suspendus des dizaines d'ustensiles de toutes tailles, maintenus par une large ceinture de cuir. Il secouait la tête, en signe d'approbation. Il devait s'adresser à quelqu'un en face de lui, qu'Esther ne pouvait voir. Elle se posta à l'autre fenêtre. Sa respiration faisait de la buée sur la vitre, elle l'essuya d'un geste vif. Et ce qu'elle vit la stupéfia : le professeur Lepire se tenait là, l'air préoccupé, la mine sévère. Il parlait en faisant de grands gestes et semblait très agité. Soudain, il s'arrêta. Il avait dû apercevoir la main d'Esther sur le carreau. Surpris, il tourna la tête vers elle. Il y eut comme une très brève hésitation, puis Lepire se précipita sur la porte et l'ouvrit à toute volée. Esther fit un bond en arrière. Le professeur voulut se jeter sur elle, mais Esther l'esquiva. Il parvint juste à attraper la manche de son manteau. La jeune fille se dégagea énergiquement et s'enfuit à toutes jambes, tandis qu'il s'écriait :

– Esther, attendez ! Revenez ! Esther, revenez !

Elle courut à perdre haleine, sans même savoir où elle allait. Quand il lui sembla qu'elle était hors d'atteinte, elle ralentit sa course, jusqu'à s'arrêter tout à fait.

Elle se plia en deux pour reprendre son souffle et faire le point. Elle avait rejoint le canal. Non loin de là, la silhouette massive du pont se détachait de la pénombre. Lepire n'avait pas pu la suivre, se dit-elle. Il était bien trop vieux pour courir. Mais qu'est-ce que c'était que cette histoire ? Pourquoi son oncle l'avait-il envoyée là ? Quel rapport pouvait-il y avoir entre cet homme en habit de cuisinier et le bon docteur Bretzel ? Et que venait faire Lepire en cet endroit, à pareille heure ? Elle n'avait pas réfléchi une seconde en prenant la fuite. Elle se demandait après coup si elle avait bien fait. Dans quelques heures, au lycée, il lui faudrait affronter le professeur en présence de tous ses camarades. Il en viendrait certainement à parler de ce qui s'était produit. Il tournerait les choses à son avantage, et trouverait le moyen, sous le couvert d'une plaisanterie, de l'humilier devant toute la classe. Esther revit ses longs doigts jaunes qui s'étaient agrippés à son bras et sentit un frisson lui parcourir le dos. Elle releva le col de son manteau et s'aperçut soudain qu'elle n'avait plus son écharpe. Elle avait dû la perdre en courant ! L'écharpe de son père ! C'était horrible ! Elle en eut les larmes aux yeux. Il fallait la retrouver, quoi qu'il lui en coûte.

Prenant son courage à deux mains, elle retourna sur ses pas.

Esther inspectait le pavé avec l'espoir que son écharpe ne serait pas restée entre les mains du professeur, quand un bruit léger lui fit relever la tête. À la hauteur d'un réverbère, à quelques mètres à peine, se tenaient deux garçons qui parlaient à voix basse. Ils se turent en l'apercevant.

Esther fut prise de panique. À ce moment-là, elle aurait pu faire demi-tour et s'enfuir à nouveau. Le destin d'une vie tient à peu de chose, en somme : un pas dans un sens ou un pas dans l'autre, et tout est différent. Mais elle choisit de ne rien faire du tout. Elle se figea sur place, comme pour se fondre dans le décor. Fuir n'aurait servi à rien. Ces deux-là l'auraient vite rattrapée. Et puis, elle ne voulait pas leur montrer qu'elle avait peur. Pourtant, qu'est-ce qu'elle avait peur ! Oh oui ! Une terrible peur qui lui nouait la gorge et l'empêchait d'avaler.

– Alors, ma jolie, on est de sortie ? dit l'un des deux.

Il se tenait dans l'ombre et Esther ne distinguait pas ses traits.

– Qu'est-ce qu'une demoiselle fait toute seule dans la rue au milieu de la nuit ? Elle cherche peut-être de la compagnie ?

Les garçons ricanèrent. Esther commençait à paniquer. Elle se surprit à espérer un passage de la milice.

– Ça va, c'est bon. Laissez-la tranquille.

Celui qui venait de parler se trouvait beaucoup plus près d'elle, à quelques pas à peine, sur sa droite. Elle ne l'avait pourtant pas vu en passant. Il sortit de la pénombre et Esther fut frappée par son apparence singulière : une épaisse chevelure blanche lui encadrait le visage. La jeune fille n'avait jamais rien vu de tel. Se pouvait-il qu'un garçon à l'apparence si jeune ait déjà les cheveux blancs ? Il avait le visage mince, les pommettes saillantes, le nez aquilin. Et aussi quelque chose d'inquiétant dans le regard, songea-t-elle. Malgré la peur, Esther ne put s'empêcher de penser qu'il était réellement beau.

Il s'avança vers elle d'une démarche souple.

– Ne fais pas attention à eux, dit-il d'une voix qui se voulait rassurante, nous sommes de sortie ce soir, mais je crois que mes compagnons ont un peu trop bu.

Il lui sourit.

– Vous êtes... en permission ? Elle avait remarqué qu'ils ne portaient pas d'uniforme.

– Non, plutôt en perdition, dit l'un des deux autres. Et ils se mirent à pouffer de rire.

– Suffit les gars ! fit le garçon aux cheveux blancs. Puis, d'un ton plus doux : Nous ne sommes pas de la milice, si c'est ça qui t'inquiète. Et toi, que fais-tu là ? Tu habites dans le coin ?

– Non… Mais je suis passée par ici tout à l'heure et j'ai perdu une écharpe à laquelle je tiens beaucoup. Alors, je la cherche.

– À cette heure-ci ? Il y a peu de chance que tu la retrouves !

Esther se sentit terriblement stupide tout à coup.

– Mais je peux t'aider si tu veux, ajouta-t-il en voyant qu'elle rougissait.

– C'est très gentil. En fait… Je crois que tu as raison, il est trop tard maintenant. Je ferais mieux de rentrer.

Elle tourna les talons, heureuse de s'en tirer à si bon compte.

– Attends ! Tu vas de quel côté ?

D'un geste vague, elle indiqua les lumières du parc qui scintillaient sur les hauteurs de la ville.

– Eh bien, on peut peut-être faire un bout de chemin ensemble ? dit-il. C'est aussi notre direction de toute façon. Nous allons finir la nuit au Cabaret Écarlate.

– Je croyais que tes amis avaient déjà trop bu ! fit remarquer Esther.

Il lui sourit de plus belle.

– Nous n'y allons pas pour boire, mais pour danser ! Tu ne connais pas le Cabaret Écarlate ? C'est une péniche amarrée sur le haut du canal. Un endroit incroyable ! On y joue la meilleure musique « cigale » de toute la ville. Viens avec nous, si tu veux. Je te garantis que tu ne le regretteras pas ! Il faut absolument voir ça au moins une fois dans sa vie.

– Merci pour l'invitation, mais il faut que je rentre, dit Esther sans conviction.

– Comme tu voudras. Mais, crois-moi, c'est vraiment dommage de manquer ça ! Et puis... Ça nous aurait donné l'occasion de faire un peu connaissance, dit le jeune homme, en lui décochant un nouveau sourire.

Esther sentit fondre sa volonté.

– Bon... dit-elle.

Mais, avant qu'elle n'ait pu rien ajouter, le garçon aux cheveux blancs l'avait prise par le bras et l'entraînait à la suite de ses camarades qui franchissaient déjà le pont.

Chapitre 5

Les cheveux blancs

L'accès au cabaret était malaisé. Il fallait franchir une passerelle sans rampe qui tanguait à chaque remous, puis se glisser par l'écoutille jusqu'à un escalier raide qui s'enfonçait vers les cales. La température des lieux contrastait avec le froid du dehors. Dès l'instant où l'on soulevait l'épais rideau de velours qui faisait office de porte, on était assailli par une bouffée d'air chaud, aux senteurs d'encaustique. Tout à l'intérieur n'était que dorures et boiseries. Malgré le vacarme des conversations, l'endroit était accueillant. Autour des tables décorées de bougies se pressaient des grappes d'individus, pour la plupart à peine plus âgés qu'Esther. Des jeunes gens de la ville se mêlaient à des dockers débraillés. Esther trouva tout de suite l'atmosphère chaleureuse ; ici, dans cet endroit hors du monde, on aurait pu oublier le Commandeur et son armée. Pendant qu'elle observait cette faune bruyante d'un œil amusé, le garçon aux cheveux blancs s'était adressé à un serveur. Il fit signe à Esther de le suivre et ils se frayèrent un passage entre les tables encombrées.

– Alors, que penses-tu de cet endroit ? lui cria-t-il à l'oreille pour couvrir le vacarme.

– Je n'en reviens pas qu'il y ait tant de monde ! Comment se fait-il que personne ne craigne la milice ici ?

– Oh, chacun a ses petites combines pour l'éviter. Regarde, tu y es bien arrivée, toi ! fit-il d'un air entendu.

Ils trouvèrent une place minuscule au fond de la salle et commandèrent deux bolées de cidre. Ils étaient assis si près l'un de l'autre qu'ils ne cessaient de se toucher au moindre mouvement. Esther trouva cette proximité agréable, mais un peu troublante aussi. Pour n'en rien laisser paraître, elle reprit la conversation :

– Au fait, pourquoi appelle-t-on cet endroit le Cabaret Écarlate ?

– Regarde.

Le garçon montra du doigt quelque chose en face d'eux.

– Tu vois cette tache sur la cloison, là-bas ? C'est une trace de sang. On raconte que le prince Alphonse a battu ici un prétendant de sa sœur Meredith. Il aurait exigé qu'on ne l'efface jamais, afin que chacun se souvienne qu'on ne pouvait faire la cour à la princesse sans son assentiment.

Esther eut un frisson d'horreur qui fit rire le garçon aux cheveux blancs.

– Nous avons de la chance, dit-il en se penchant vers elle, l'orchestre va tout juste entamer un nouveau set.

À quelques mètres, juchés sur une petite scène, des musiciens finissaient d'accorder leurs instruments. Esther en dénombra une bonne dizaine, serrés les uns contre les autres. Au milieu d'eux, un petit homme nerveux venait de lever sa trompette pour rassembler l'attention de ses partenaires. Partout dans la salle, des voix s'élevèrent pour que l'on fasse silence.

Tous les regards se tournèrent vers la scène. Les musiciens, immobiles, le corps tendu par la concentration, attendaient un signal de leur chef.

D'un mouvement de la tête, le trompettiste donna le décompte et, d'un seul coup, tous se mirent à jouer.

Ce qu'Esther entendit alors, était tout bonnement ahurissant. Sur une cadence frénétique, la musique tournoyait, virevoltait dans l'air comme un oiseau fou. Les musiciens, pris de convulsion, s'agitaient en tous sens, tandis qu'ils arrachaient à leurs instruments des sonorités inouïes. Des cris et des sifflements fusaient de toute part lorsqu'un soliste se lançait dans une improvisation. Irrésistiblement, la rythmique avait mis les corps en transe, les sens en feu. Partout dans la salle, le public se contorsionnait, imitant le mouvement saccadé initié par l'orchestre.

On dansait seul, ou en groupe, dans la plus invraisemblable cohue. Esther fut entraînée par les deux compagnons du garçon aux cheveux blancs dans une gigue improvisée. Secouée, ballottée, elle trébucha plus qu'elle ne dansa et rit de bon cœur de sa propre maladresse.

– Tu ne danses pas ? cria-t-elle, comme le garçon aux cheveux blancs était resté assis.

Il fit non de la tête :

– Je ne connais que la « danse du pendu » !

Elle n'eut pas le temps de chercher à comprendre, la gigue avait repris de plus belle. Légèrement en retrait, le jeune homme ne la lâchait pas des yeux. Elle ressentit une pointe d'orgueil à être ainsi la cible de tant d'attention et redoubla d'ardeur à danser dans la plus parfaite insouciance.

Esther était encore tout étourdie en sortant du cabaret. Le jour n'allait pas tarder à se lever, la maison fermait ses portes. Les conversations se turent et la troupe de noctambules, en un clin d'œil, se fondit dans les rues de la ville endormie.

– Je peux te raccompagner si tu veux, dit le garçon aux cheveux blancs.

– Merci, répondit-elle, un peu embarrassée, mais je ne suis plus très loin, ça ira.

– Je marche avec toi jusqu'au pied des escaliers et puis je te laisse, d'accord ?

Esther hocha la tête. Ils longèrent le trottoir, côte à côte.

– Tu sais, dit-il sur un ton soudain plus grave, si je n'ai pas demandé plus d'explications sur ce que tu faisais cette nuit dans la ville basse, c'est parce que j'estime que chacun a droit à ses petits secrets. Tu as les tiens, j'ai les miens. Mais j'aimerais...

Esther se tourna vers lui, intriguée.

– J'aimerais, reprit-il, que tu ne retournes pas dans le quartier du Marais, d'accord ? De ce côté-ci du pont vivent les gens bien, mais par-là, du côté de la vieille ville... Ce n'est pas pareil. Ça peut être très dangereux.

Il ne souriait plus.

– Tu cherches à me faire peur ? lança-t-elle dans un petit rire qui sonna faux.

Au-dessus d'eux, l'oiseau de nuit poussa son curieux cri.

– Une chouette effraie, dit-il en levant la tête.

Devant la mine perplexe d'Esther, il reprit :

– C'est une chouette effraie. Elle niche sans doute dans le clocher de la chapelle, là-bas.

– Comment tu sais ça ?

– J'allais souvent à la chasse avec mon père autrefois. C'est lui qui m'a appris. Il savait beaucoup de choses à propos des animaux, il venait de la campagne.

– Tu as perdu ton père lors de l'invasion ?

Le garçon hocha la tête.

– Moi aussi, dit Esther.

Ils arrivèrent au bas des escaliers et le jeune homme s'arrêta. Leurs regards se croisèrent.

– J'espère tout de même qu'on se reverra, dit-elle.

– Moi aussi.

– Qui sait, peut-être au cabaret ?

– ...

– Merci de m'avoir fait découvrir cet endroit.

Esther avait déjà le pied sur la première marche, quand elle fit demi-tour et déposa un baiser sur la joue du jeune homme, presque au coin de ses lèvres.

- Au fait, je m'appelle Esther.

- Et moi Zolhtan, dit le garçon.

Ils échangèrent un sourire, puis elle gravit l'escalier jusqu'à la dernière marche sans se retourner. Dans le ciel, au-dessus d'elle, la chouette effraie décrivait des cercles. Esther sourit :

– Mais qu'est-ce qui m'a pris, qu'est-ce qui m'a pris ? Édith est amoureuse d'un boulanger, et moi d'un drôle d'oiseau de nuit !

Quand elle arriva chez elle, elle ne se souvenait pas d'avoir traversé le parc.

Chapitre 6

L'orage

(Quarante ans plus tôt)

– Pssst ! Hé, Rehtsë ! Passe ta feuille, je vais te la…

– Mais qui parle ici ?

La voix est tranchante. Le silence se fait aussitôt. La maîtresse s'avance d'un pas lourd et menaçant entre les rangées de bancs. Les enfants gardent les yeux rivés sur leurs cahiers.

Au fond de la classe, un énorme poêle en fonte ronronne. Il fait sombre au-dehors. De gros nuages d'orage roulent dans le ciel au-dessus du village de Terregrasse. C'est l'automne depuis plusieurs semaines.

– Alors, voyons un peu qui va me lire à haute et IN-TEL-LI-GI-BLE voix les textes que je viens de vous remettre.

La grosse femme prononce chacune de ses paroles en détachant les syllabes, comme si elle s'adressait à un auditoire d'attardés. Dans son cache-poussière gris à boutons dorés, elle a l'allure d'un commandant de l'armée.

– Inutile de souffler, n'est-ce pas.

Elle s'est approchée du garçon qui chuchotait et le fixe de ses petits yeux porcins. Sans le quitter du regard, elle reprend :

– Vous avez tous reçu un texte différent et chacun doit être capable de le lire sans la MOIN-DRE difficulté. Alors, qui commence ?

Au premier rang, un garçon lève la main. La grosse femme lâche d'un petit rire sardonique :

– Non, pas toi, Heinrich, pas toujours les mêmes. Je propose plutôt que ce soit…

Les enfants, anxieux, sentent planer la menace au-dessus d'eux. Elle balaie du regard la rangée qui se trouve sous les fenêtres, puis se retourne d'un coup :

– Toi, Rehtsë.

Tous relèvent aussitôt la tête, soulagés de ne pas avoir été choisis.

La maîtresse pointe son gros doigt blanchi par la craie en direction d'un garçon pâle, assis près du poêle.

– Lis-nous ton texte, ordonne-t-elle. À haute et IN-TEL-LI-GI-BLE voix, j'insiste.

Le garçon ne bronche pas.

– Veux-tu lire, s'il te plaît ?

La voix se fait plus menaçante. Tous les regards sont braqués sur le garçon qui tremble, recroquevillé sur sa chaise. Il aimerait disparaître tout à fait.

– Je… je…

– « Je, je »… le coupe la femme en imitant son ton de voix fluet. Ce n'est pas ce qui est écrit, gros nigaud. Vas-tu nous lire ton texte, oui ou non ?

Autour de lui, on ricane, on s'échange des coups de coude. Le gamin déglutit péniblement puis reprend d'une voix à peine audible :

– Pardon, madame… je…

– Ah, ça ! Par tous les diables ! rugit la maîtresse. Tu n'es toujours pas fichu de lire trois mots ? Bougre d'imbécile ! Mais quand vas-tu te décider à faire un effort ? Hein ? Quand vas-tu t'appliquer un peu ?

La grosse femme saisit l'enfant par les cheveux et le secoue en tous sens.

– Lis ton texte ou je te le fais manger !

– Je…

– Et ne PRO-NON-CE plus une seule fois ce « je » ou tu iras rejoindre les rats dans la cave à charbon, tu m'entends ! Lis, te DIS-JE ! Lis !

La maîtresse est en sueur, elle hurle à présent. Comme l'enfant ne dit plus rien, elle lui flanque une paire de gifles. Ensuite, elle le saisit par le col et l'envoie valdinguer au milieu de la rangée.

Plus personne ne pipe mot. L'enfant se relève sur un genou. Il saigne du nez.

– Lève-toi, espèce de bon à rien.

Elle le fait mettre debout.

– Regardez-le bien, mes enfants, et souvenez-vous de ceci : si vous ne faites pas d'effort pour apprendre, comme lui, vous ne ferez jamais rien de bon de votre vie, je vous le GA-RAN-TIS.

Elle regagne son bureau et s'assoit pesamment sur sa chaise pour reprendre ses esprits.

Le gamin reste pantois au milieu des cartables renversés. Elle le fixe un court instant, puis sans plus lui adresser un regard, elle dit d'un ton détaché :

– Prends tes affaires et va-t'en. Tu n'as plus rien à faire ici.

Dans le lointain, un orage éclate.

Chapitre 7

La gueule du loup

– Salut, Esther.

– …

– Eh bien quoi ? Tu ne lui réponds pas ?

Édith flanqua un coup de coude dans les côtes de son amie pour la ramener à la réalité.

– Que… Quoi ? Ah oui, bonjour, Philémon, fit Esther qui tombait des nues.

– Si tu ne prends même plus la peine de répondre à tes prétendants maintenant, ce n'est pas comme ça que tu vas rencontrer l'âme sœur, ma vieille ! dit Édith d'un ton moqueur. Il est pourtant pas mal, ce garçon ! Il est grand, il est séduisant…

– Et il a les dents en avant ! la coupa Esther.

Édith éclata de rire. La cloche sonna le dernier rappel.

– T'es bizarre ce matin. T'as pas l'air dans ton assiette, fit remarquer Édith tandis qu'elles montaient au local de chimie.

– Faut que je te raconte, Ed, il m'est arrivé un truc pas croyable !

– Eh bien, vas-y, raconte !

– Attends.

Elles s'arrêtèrent un instant devant le panneau d'affichage.

– Tiens, on a de la chance, Lepire est absent aujourd'hui !

– Ouf ! s'exclama Esther. Tu parles d'une chance !

De soulagement, elle embrassa son amie sur la joue.

– Mais qu'est-ce que tu as aujourd'hui ? s'inquiéta Édith.

Esther était surexcitée à l'idée de lui raconter la nuit qu'elle venait de vivre. Mais elle voulait prendre le temps de TOUT dire, pas juste quelques mots à la sauvette, en plein cours. Elle n'eut guère le choix de toute façon : Madame Maindelièvre, leur professeur de chimie, les répartit par groupes de deux autour des tables du laboratoire. Esther se retrouva en compagnie d'Hortense Mitmir, une grosse fille indolente que tout le monde évitait car elle avait une fâcheuse tendance à sentir des pieds. Esther se dit que, fort heureusement, dans ce labo, lui tenir compagnie ne devrait pas être trop insurmontable.

Hortense se mit à bavasser au sujet de sa voisine de dortoir qui ne cessait de lui voler ses chaussettes et d'une série d'autres choses sans intérêt.

Esther l'écoutait d'une oreille distraite. Elle revoyait sans cesse défiler devant ses yeux les événements des dernières heures : le cuisinier avec son couteau, Lepire qui la poursuivait et puis surtout, surtout, le Cabaret Écarlate... Elle mélangea le silicate de sodium avec l'eau distillée, comme venait de le recommander Madame Maindelièvre, mais au lieu de saupoudrer la solution de sulfate de nickel, elle déversa le tout dans le récipient de sa voisine de table.

– Mais qu'est-ce que tu fabriques ! Fais attention ! s'énerva Hortense.

– Excuse-moi, fit Esther, confuse.

– Allons, allons. Je vois qu'une pause s'impose, dit Madame Maindelièvre. On s'arrête tous cinq minutes avant qu'une autre bêtise ne se produise. Profitez-en pour ouvrir les fenêtres, s'il vous plaît, ça ne sent pas très bon ici.

– Cesse de sourire bêtement ! dit Édith qui l'avait rejointe dans le couloir. Tu as croisé le Bon Roi des neiges ou quoi ?

– C'est presque ça, répondit Esther avec malice. Ou bien plutôt, le grand loup blanc des neiges.

– Quoi ? Là, tu commences à m'intriguer ! Allez, raconte : il est comment ?

Esther sourit devant la perspicacité de son amie.

– Je vais te le dire. Mais d'abord, il faut que tu me promettes de ne pas te fâcher !

– Me fâcher, mais pourquoi ?... Non ! Ne me dis pas que tu y es allée ! Tu es descendue toute seule dans la ville basse ! Ça ! J'en étais sûre ! Tu n'es qu'une...

– Allons, mesdemoiselles, dépêchez-vous de rentrer. On reprend le travail.

– Écoute, Édith, il le fallait, je te jure. Et quand je t'aurai tout raconté, tu diras que j'ai bien fait, j'en suis sûre.

Édith lui jeta un regard furibond. Mais elle dut attendre l'heure de midi pour en savoir davantage.

Quand Esther eut tout expliqué, l'impasse, Lepire et l'écharpe, quand elle put enfin décrire avec force détails la rencontre avec Zolhtan, elle se sentit libérée d'un poids. Elle redoutait la réaction de son amie. En même temps, elle avait hâte d'entendre ce qu'elle aurait à en dire. Mais Édith resta muette.

– Alors ? Que penses-tu de tout ça ? s'impatienta Esther.

– Juste que c'est dommage.

– Comment ça, c'est dommage ? J'ai fait la connaissance du plus beau garçon de la ville, et toi tu trouves ça dommage !

– Non, je veux dire, pour l'écharpe de ton père. Tu ne la reverras jamais, j'en ai peur.

– Sauf si Lepire me la rapporte. Ou... si Zolhtan la retrouve !

– Lui non plus, tu risques fort de ne jamais le revoir.

– Pourquoi dis-tu ça ?

– Parce qu'il est hors de question que tu y retournes, voilà tout !

– Ed ! On ne va pas recommencer la même discussion ! Tu es mon amie, tu veux me protéger, je sais. Alors, c'est entendu, je n'irai plus seule dans la ville basse, tu n'as qu'à m'accompagner.

– Que... Comment ? Tu veux que je vienne avec toi me jeter dans la gueule du loup !

Les deux filles se fixaient avec intensité.

– Très bien, je vais venir avec toi ! dit Édith en prenant soudain le contre-pied. Nous retournerons au Marais pour retrouver ton écharpe et nous irons jusqu'à ce foutu restaurant, s'il le faut. Mais en échange, il faudra que tu m'emmènes au Cabaret Écarlate ! Et j'espère bien la voir, la belle gueule du loup ! Par contre, tu ne devras pas m'en vouloir si, après ça, tu t'aperçois qu'il préfère les blondes !

Esther éclata de rire.

– Ed, je t'adore. Tu es ma meilleure amie du monde !

« Ma meilleure amie du monde ». Elles disaient souvent ça quand elles étaient petites. C'était la formule qu'elles avaient inventée pour qualifier cette amitié si forte qui les liait. Une fois de plus, Édith prouvait qu'elle était bien « sa meilleure amie du monde », songea Esther en traversant le parc. Pourvu qu'elle ne se soit pas endormie ! Le rideau de fer était baissé sur la devanture du salon de coiffure. Mais à l'étage, une lampe brillait, c'était bon signe. Esther lança un petit caillou sur la fenêtre de la chambre de son amie. Aussitôt la lumière s'éteignit et Édith apparut. Elle enjamba le rebord de la fenêtre et, aussi souple qu'un chat, descendit le long de la gouttière jusque dans la rue.

– Qui aurait cru que le cours de gym de Madame Hercule nous servirait un jour ? ironisa Esther.

– Oh ! Ce n'est pas si terrible ! Le plus difficile, c'est de remonter, dit Édith.

Esther leva les yeux :

– Ah oui, c'est vrai. Je n'y avais pas pensé.

– T'inquiète, je l'ai déjà fait. Allons-y maintenant.

Elles descendirent les escaliers et longèrent rapidement le canal. Dans le quartier du Marais, elles ralentirent le pas pour chercher l'écharpe.

– On n'y voit rien, dit Édith. On aurait dû venir plus tôt.

– Tu sais bien que ni ta mère ni la mienne ne nous auraient laissées ressortir après l'école.

– Sais-tu au moins où le trouver, ton loup ?

– Pas vraiment, mais je te rappelle que c'est mon écharpe que nous sommes venues chercher.

Mais bien sûr, au fond d'elle, Esther espérait de tout son cœur revoir Zolhtan.

– Et si c'est Lepire qui te l'a prise, il l'a peut-être laissée au restaurant ?

– Eh bien, nous irons la reprendre. Même s'il faut pour cela affronter l'ogre avec son grand couteau.

Tout paraissait moins terrible aux yeux d'Esther, maintenant que son amie était à ses côtés. Elle prit une posture grotesque et se mit à mimer la situation :

– « Cher monsieur l'ogre, voudriez-vous, je vous prie, me rendre mon écharpe ? Vous n'en avez pas besoin pour dévorer les petits enfants ! Elle risquerait de tremper dans votre soupe. Mais voici que j'aperçois notre bon professeur. Bonsoir, monsieur Lepire ! »

– ESTHER !

Les deux filles poussèrent un cri de surprise. La voix avait retenti juste dans leur dos. Une ombre surgit d'une impasse voisine.

– Zolhtan ! Tu nous as fichu une de ces frousses !

Le garçon aux cheveux blancs s'avança dans leur direction. Il paraissait très agité et jetait sans cesse des regards derrière lui.

– Que fais-tu là, bon sang ! Je t'avais dit de ne pas revenir dans ce quartier !

– Mais, je...

– Pars vite, la coupa-t-il. La milice ne va pas tarder.

– Comment le sais-tu ? s'étonna Édith.

Le garçon se mordit la lèvre :

– Je l'ai aperçue à l'entrée du Marais, il y a moins d'une minute.

Comme pour confirmer ses dires, le bruit de la patrouille de nuit leur parvint du bout de la rue.

– Allez, vite, partez !

– Et toi ? s'inquiéta Esther.

– Je vais essayer de les retenir.

Puis, voyant qu'elles hésitaient :

– Fichez le camp, je vous dis !

Les deux filles se mirent à courir, elles passèrent le coin et empruntèrent une ruelle adjacente. Elles n'avaient pas parcouru cent mètres qu'une seconde patrouille apparaissait à l'autre extrémité. Elles firent volte-face et s'engagèrent dans le passage de la Morue. Une forte odeur d'urine leur monta aux narines. L'endroit était plongé dans la plus complète obscurité. Au moment où Édith ralentissait sa course, elle heurta de plein fouet une poubelle métallique en travers du chemin. Le couvercle fut projeté contre le mur, et alla rouler sur le pavé dans un vacarme retentissant.

– Cette fois, on est faites !

Que s'était-il passé ensuite ? Pourraient-elles jamais le dire vraiment ? Il y avait eu des cris, des courses en tous sens. On avait aboyé des ordres, des coups de feu avaient été tirés, puis un cri à nouveau, très bref cette fois. Le cœur d'Esther s'était emballé à l'idée que Zolhtan peut-être... Elle s'était efforcée de chasser cette vision de cauchemar de son esprit. Pendant l'échauffourée, il lui avait semblé que quelque chose ou quelqu'un s'était faufilé dans le passage. Alors, elle était restée là, pétrifiée dans le noir. Et puis, plus rien. Le silence. La peur. Après une attente interminable, Esther avait appelé son amie, tout doucement, puis plus fort. Pas de réponse. Soudain, elle s'était sentie tirée en arrière. Elle avait poussé un cri, aussitôt étouffé par un bâillon qu'on avait fourré dans sa bouche. Puis ce furent ses mains, ligotées avec vélocité. Elle avait senti courir sur elle de petits doigts agiles, mais étaient-ce des doigts ? Avant même qu'elle ait pu réagir, on l'avait hissée de force sur ce qui devait être un chariot. Quelque chose d'autre gisait dans la carriole. Le corps chaud d'Édith, étendue à côté d'elle. « N'aie pas peur », avait murmuré quelqu'un. Une haleine douce et chaude, qui sentait la violette. Le petit chariot s'était mis en route à travers le dédale du Marais. Peu à peu, Esther avait recouvré son sang-froid. Ses ravisseurs avaient dû s'en apercevoir car on lui avait ôté son bâillon.

– Où nous emmenez-vous ?

– Où bon me semble.

Il y avait comme un sourire dans ces mots-là.

Chapitre 8

Les Bienveillants

Le tintement des verres ponctuait de notes joyeuses les conversations qui se tenaient au salon. On se passait les plats, on échangeait des paroles aimables. Un énorme lustre de cristal suspendu au plafond ajoutait une touche d'irréalité à la scène. On aurait dit un jour de fête. Étourdies par cette agitation, et par les parfums délicieux des pâtisseries qu'on avait posées devant elles, Esther et Édith ne savaient où donner de la tête, tant leurs hôtes étaient prévenants :

– Désirez-vous encore un peu de thé ? Resservez-vous une part de gâteau, voyons ! Il est là pour ça !

Un vieil homme minuscule, étonnamment alerte bien qu'il parût avoir cent ans, et une vieille dame aux yeux très doux se pressaient autour des deux jeunes filles. Ils les avaient invitées à prendre place à table, dans la salle à manger du restaurant, après les avoir libérées de leurs liens. Trois enfants se tenaient à leurs côtés.

– Rentrez maintenant, les petits. Nous n'aurons plus besoin de vous aujourd'hui, dit le vieillard.

Les enfants disparurent dans la cuisine.

Le vieil homme reprit, en s'adressant à Esther et Édith :

– Excusez nos manières un peu rustres. Nous ne cherchions pas à vous faire peur, mais il nous a fallu agir ainsi pour éviter d'être repérés par la milice qui rôdait dans les parages.

— Et du coup, je crois que nous avons omis de nous présenter : je m'appelle Hélène, dit la dame aux yeux doux. Et voici mon vieil ami Horace.

Elle tendit à Édith une deuxième part de gâteau. Celle-ci voulut s'extraire du divan pour saisir l'assiette, mais elle en fut incapable. Elle adressa à la vieille dame un sourire tout ensommeillé, puis retomba mollement dans les coussins et s'assoupit.

– Elle dort ? s'enquit la vieille dame.

Esther approuva d'un signe de tête.

– Comme elle est mignonne, dit-elle de son haleine de violette.

– Bien, dit Horace, c'est que le gâteau a fait son effet.

Cette remarque aurait dû éveiller les soupçons d'Esther, lui instiller un brin d'inquiétude, mais il n'en fut rien. Bizarrement, elle se sentait en parfaite sécurité, tranquille, apaisée. Comme s'il était dans l'ordre des choses qu'elle se trouve à cet endroit au milieu de la nuit, entourée de gens qu'elle ne connaissait pas une heure auparavant.

Des bruits leur parvinrent de la pièce voisine.

– Vous tombez à pic, mon jeune Hanselm. Nous vous attendions pour commencer.

Le professeur Lepire entra, son imperméable sur le bras. Bien sûr, il paraissait moins âgé que ses deux antiques congénères. Toutefois le qualificatif de « jeune » était pour le moins excessif, se dit Esther. Lepire se servit un verre et prit place parmi eux, en gratifiant son élève d'un aimable sourire.

– Tout est en ordre, dit-il. Je les ai suivis jusqu'au funiculaire, ils n'auront eu personne cette nuit.

Esther fut profondément soulagée de l'entendre. Cela signifiait au moins que Zolhtan était sain et sauf. Les deux vieillards hochèrent la tête en signe de contentement.

– Alors, passons aux choses sérieuses, dit Horace.

Il s'empara d'une coupe, humecta son majeur et le fit tourner lentement sur le rebord. Le verre produisit un son extrêmement pur qui s'éleva dans les airs. Aussitôt, les perles de cristal accrochées au lustre du plafond se mirent à vibrer au diapason. Esther eut la sensation que tout l'espace était envahi par cette sonorité incomparable. C'était un signal : il y eut de l'agitation dans la cuisine, la porte du frigo s'ouvrit et la masse imposante du cuisinier apparut dans l'encadrement. Il s'extirpa avec peine de l'ouverture. Lorsqu'il s'avança vers elle, Esther fut stupéfaite : la nuit précédente, à travers la vitre épaisse, elle n'avait pas réalisé à quel point l'homme était impressionnant, un véritable colosse, épaules larges, torse massif, ventre proéminent. Même lorsqu'il eut ôté sa toque pour la saluer, son visage lui parut démesuré. Par chance, pensa-t-elle, il n'avait pas à la main le couteau de la veille.

Le cuisinier était sur le point de dire quelque chose, quand ses joues s'empourprèrent, jusqu'à virer au cramoisi. Était-il possible qu'un homme pareil soit timide ? Il émit une grimace de douleur, puis parvint à articuler dans un filet de voix :

– ... Arghhhh... du docteur ?... Médicament ?...

La boîte de l'oncle Théodore ! Mais oui, bien sûr ! Voilà donc à qui elle était destinée ! Esther se souvint qu'elle l'avait laissée dans sa poche. En priant pour qu'elle n'en soit pas tombée, elle fouilla, la trouva et, tout heureuse, la tendit au cuisinier.

Il lui adressa un regard plein de gratitude et, sans attendre, fit glisser une pilule dans son énorme bouche. Son visage retrouva presque aussitôt la teinte rosée d'un bon géant joufflu. Cette fois, il reprit d'une voix plus assurée :

– Merci... Merci beaucoup. Sois la bienvenue parmi nous, Esther.

– Bienvenue dans notre société secrète, dit le vieil Horace d'un ton solennel.

Les quatre adultes la fixaient, scrutant sa réaction. Comme elle ne bronchait pas, Lepire enchaîna :

– Ce que nous avons à te dire est de la plus haute importance. (Elle nota qu'il la tutoyait pour la première fois.) Es-tu prête à entendre un récit qui va bouleverser ta vie ?

Esther se tourna vers Édith pour chercher son soutien. Un sourire béat aux lèvres, son amie était toujours plongée dans un profond sommeil.

– Je suis prête, dit-elle.

Alors, pour la première fois de sa vie, Esther Bretzel assista à une leçon d'Hanselm Lepire avec le plus vif intérêt.

« C'est en mille six cent seize, sous le règne de la reine Séraphine, que fut fondée la première société de Bienveillants. À cette époque, une dame du nom de Phyllis, affectée au service de la famille royale en temps que préceptrice, commença à utiliser son talent de conteuse pour apaiser les tensions qui régnaient à la cour. Elle avait remarqué qu'en contant ses histoires à l'assemblée réunie le soir autour du feu, elle parvenait à insuffler des sentiments altruistes qui incitaient les gens à se réconcilier. Or, Phyllis était insomniaque. Elle profitait de ses nuits pour inventer des récits et les retranscrire sur parchemin, pendant que sa famille dormait. Elle en rédigea ainsi un nombre considérable, mais peu à peu, l'inspiration lui fit défaut. Les années passant, Phyllis sentit qu'elle n'avait plus la même énergie. Elle se dit qu'il était temps de transmettre son don à quelqu'un qui pourrait prendre la relève. Elle cherchait à qui confier cette tâche parmi les gens de la cour, lorsqu'elle apprit qu'un homme du bourg voisin, son neveu et son fils étaient tous trois insomniaques. Ils étaient de surcroît considérés par tous comme de braves gens. Elle alla les trouver, et leur fit part de son souhait. Ils acceptèrent, car ils avaient souvent entendu parler de la « conteuse bienveillante », comme on l'appelait désormais partout dans la région. À ce moment, Phyllis avait soixante-quatre ans. L'homme en avait quarante-huit, le neveu trente-deux et le fils, seize. Ils émirent ensemble l'hypothèse que ce don d'insomnie n'était pas le fruit du hasard, lorsqu'ils constatèrent que six mille nuits séparaient précisément leurs naissances. Les trois hommes écrivirent à leur tour, mais avec le temps, comme pour Phyllis, la flamme de l'inspiration déclina. On aurait dit que les nuits d'écriture incessante finissaient par émousser leur imagination. Le neveu eut alors l'idée de faire appel à sa cousine Héloïse. On racontait partout que ses recettes savoureuses avaient la particularité de soigner les gens. Il lui demanda de chercher un remède pour que l'inspiration ne les quitte plus. La cuisinière confectionna un gâteau aux vertus singulières qui permettait, selon elle, de voyager par l'esprit à travers des mondes parallèles, pour y trouver l'inspiration. Elle l'appela son

« gâteau d'âme ». Hélas pour les Bienveillants de l'époque, une règle implacable imposait que la première dégustation ait lieu lors de la six millième nuit d'insomnie. Passé ce délai, le gâteau d'âme perdait ses propriétés merveilleuses. Pour Phyllis et ses compagnons qui en firent l'expérience, il ne procura rien de plus qu'une agréable sensation de torpeur. Mais Héloïse s'aperçut aussi que son gâteau avait l'effet d'un puissant soporifique sur celui qui n'était pas doté du don d'insomnie : son fils, qui en avait mangé quelques belles portions en cachette, dormit deux jours durant, sans que rien ne puisse l'éveiller.

« Malgré tout, ils eurent rapidement l'occasion de juger de la formidable efficacité du gâteau d'âme lorsqu'ils l'offrirent en cadeau à une jeune insomniaque qui avait fêté son seizième anniversaire quelques mois plus tôt. L'effet fut immédiat : la jeune fille écrivit comme si sa plume la démangeait et jamais son inspiration ne se tarit.

« Ensuite, ce fut le tour d'un petit garçon qui naquit six mille nuits plus tard avec le même don. Ainsi fut fondée la société des Bienveillants, qui se donna pour mission d'insuffler à travers ses récits une vision optimiste du monde dans le but de faire progresser les hommes vers plus d'humanité.

« Mais voici la chose la plus étonnante de toute cette histoire : malgré les nuits d'insomnie ou peut-être grâce à elles, Phyllis vécut cent quinze ans, et il en fut de même pour ses compagnons. À partir de ce moment, il y eut toujours six Bienveillants, pas un de plus, pas un de moins. »

Le professeur Lepire marqua une pause, puis reprit :

– Enfin, jusqu'à ce jour malheureux où le jeune homme qui devait me succéder ne vint pas au rendez-vous.

– C'est à partir de là que la chaîne fut brisée, dit Hélène.

– Que s'est-il passé ? demanda Esther.

– Il a disparu peu de temps après que je l'ai rencontré, expliqua Hélène. Personne ne sait ce qu'il est devenu. Ce n'était pas un garçon de la ville, c'est tout ce que je sais.

– Et puis, tu connais la suite de l'histoire, comme chacun de nous ici à Boucainvillier, compléta Lepire. Après ce jeune homme, c'est Hugo, le fils du cordonnier de la chaussée Trappe, qui devait être initié. Mais le Commandeur s'est lui-même chargé de l'exécuter, le même jour que notre bon roi Rodolphe.

– Ainsi, ajouta le grand Cuisinier, le malheureux garçon mourut avant d'avoir pu prendre la relève parmi les Bienveillants, en laissant la population de Boucainvillier plongée dans la plus grande tristesse. Voilà pourquoi, malgré tous nos efforts, le courage et l'optimisme s'éteignent peu à peu dans les cœurs des gens.

Le visage fripé d'Horace s'illumina tout à coup :

– Mais il nous reste une chance de leur redonner espoir !

– Oui, une chance très mince, renchérit le cuisinier.

– Très mince, avec des cheveux noirs. Notre seule chance en fait, c'est toi, Esther.

Ces dernières paroles, prononcées par Lepire, donnèrent à Esther la chair de poule.

La nuit touchait à sa fin lorsque le chariot s'arrêta devant le salon de coiffure. Du haut de son perchoir, la chouette effraie observa en silence la scène insolite qui se déroulait un peu plus bas. Un géant vêtu de blanc déposa sur le pas de la porte une chose informe enveloppée dans des couvertures. Une frêle jeune fille l'accompagnait. Le géant et la fille se penchèrent tous deux sur le paquet. L'instant d'après, une masse de cheveux blonds surgit de dessous les couvertures. L'homme s'en fut aussitôt avec le chariot, agitant son énorme main en signe d'au revoir.

– Ed, dit très doucement la fille, réveille-toi.

– Nnnnnn... 'aisse-moi dormir...

– Il faut rentrer maintenant, avant que tes parents s'éveillent.

– Est-ce... n'a trouvé ton écharpe ?

– Non.

Non, ajouta-t-elle pour elle-même, *mais cette nuit... j'ai trouvé qui je suis. C'est bien aussi.*

Chapitre 9

La foire du printemps

(Trente-deux ans plus tôt)

La petite troupe évolue en silence sur la route de terre battue. Il ne doit pas être plus de six heures du matin, pourtant les adolescents marchent depuis un bon moment déjà. Ils ont quitté le village bien avant le lever du soleil.

Chaque année, c'est la même transhumance, les jeunes gens des quatre coins de la province se rendent à Boucainvillier pour la foire du printemps. La coutume veut que le jour de l'ouverture soit consacré aux garçons et aux filles de plus de quinze ans qui se rendent pour la première fois à la Bibliogare. C'est un événement majeur car la plupart d'entre eux n'ont jamais mis les pieds en ville. Certains, comme ceux de Terregrasse, doivent parcourir près de vingt kilomètres pour atteindre la cité.

Mais la récompense est à la hauteur de l'effort. Il faut dire que les citadins mettent un point d'honneur à parer leur ville de ses plus beaux atours pour ce jour particulier.

Les préparatifs commencent plusieurs semaines auparavant. Des chapiteaux sont dressés, les monuments astiqués, briqués, chacun se surpasse pour égayer les rues et les trottoirs de son quartier. Pour l'occasion, les devantures des commerces sont repeintes du même rouge vif que les cabines du téléphérique. Dans les avenues et sur toutes les places, les balcons rivalisent de fleurs avec les parterres, et dans la ville entière, il ne reste pas un endroit qui ait été laissé à l'abandon.

Dès la fin de la matinée, les auberges et les tavernes sont prises d'assaut par une cohorte de jeunes gens joyeux qui se bousculent au comptoir.

Il est un peu plus de midi lorsque ceux de Terregrasse atteignent Boucainvillier. Ils sont fourbus et affamés, mais ils doivent attendre de longues minutes avant de pouvoir intégrer la file qui s'étire aux portes de la ville. Au milieu d'eux, Rehtsë attend, les bras croisés, le visage sombre.

Durant toute la marche, il n'a cessé de se demander s'il avait raison de se joindre aux autres jeunes de Terregrasse. Mais son vieux père a beaucoup insisté :

– Vas-y donc voir à quoi qu'elle ressemble cette gare maintenant que t'as l'âge, et tu me raconteras. À ce qui paraît que c'est magnifique ! Moi, si mes yeux y auraient vu quelque chose, j'y serais allé, pour sûr !

Alors, la nuit, Rehtsë a attendu que les jeunes se rassemblent sur la place et, discrètement, il s'est mêlé au groupe. Personne n'a fait de remarque. Personne ne lui parle jamais de toute façon. Et cela lui convient. Il voudrait juste savoir comment ça va se passer. Y aura-t-il un test d'aptitude ou quelque chose du genre pour pouvoir entrer dans la Bibliogare ? Cette question le mine depuis le début, mais il n'ose la poser à ses anciens camarades de classe. Il se dit que la journée lui apportera forcément une réponse.

La file avance pas à pas. Les jeunes de Terregrasse s'impatientent. Vient enfin leur tour de pénétrer dans l'enceinte de la ville. Alors ce ne sont qu'exclamations et cris de joie face au spectacle de la citadelle qui se dresse devant eux. Sur les remparts de pierres jaunes flottent les étendards frappés des armoiries du roi Rodolphe, et tout en haut, accrochée à un câble invisible, une nacelle amorce son lent parcours vers le versant opposé de la vallée. Rehtsë n'en croit pas ses yeux. Il reste ébahi devant cette vision prodigieuse. Si seulement son vieux père pouvait voir ça !

– Hé ! Rehtsë ! Reste pas au milieu du chemin, lui crie un grand type roux qui était dans sa classe.

Au même instant, trois chevaux au galop surgissent devant eux. « C'est le prince Alphonse ! » s'écrie-t-on dans la foule. Les gens s'écartent en toute hâte pour laisser le passage. Du haut de leurs montures, les cavaliers n'ont pas un regard pour ceux qui les saluent.

– Il quitte la ville alors que nous entrons ! dit une jeune fille, quel dommage !

Et les adolescents de se tordre le cou pour voir s'éloigner l'escorte qui franchit les portes.

Loin du tumulte du centre-ville, sur une pelouse qui borde le canal, les jeunes de Terregrasse attendent leur guide pour se rendre au sommet de la citadelle. La plupart se sont étendus, le corps épuisé par la marche et la tête saturée du spectacle merveilleux de la cité sous le soleil. Dans toutes les rues où ils sont passés, ils ont été accueillis par des mots de bienvenue. Certains ont reçu de la main des enfants de menus présents, colifichets et colliers de perles qu'ils arborent avec fierté. Dans la ville basse, un vieil homme leur a même offert de délicieux gâteaux qu'ils se sont empressés de dévorer. Ainsi, la douce chaleur de l'après-midi printanier et la digestion aidant, les jeunes gens repus se sont assoupis.

Rehtsë est le seul à rester éveillé. Il s'est assis un peu à l'écart sur une jetée vermoulue. Il balance les jambes, les pieds au ras de l'eau, et laisse voguer ses pensées au gré du remous de la rivière sur la berge. Pour la première fois depuis longtemps, il se sent apaisé, serein et il se dit que cette ville lui convient. Il pense à l'avenir, ce qu'il évite de faire d'habitude. Il rêve. Il songe que plus tard, quand son vieux père sera mort, il viendra vivre ici, à Boucainvillier, et il s'inventera une nouvelle vie.

Une femme s'approche. Elle se penche vers lui :

– Tout va bien, jeune homme ?

Rehtsë se tourne vers elle. Elle a le visage avenant, de grands yeux très doux.

– Oui, merci, répond-il poliment.

– Puis-je m'asseoir un instant ? dit la dame.

Et, sans attendre de réponse, elle prend place à côté de lui. Rehtsë l'observe du coin de l'œil, légèrement intrigué. Aux plis de ses yeux et à ses cheveux grisonnants, il devine qu'elle n'est plus une jeune femme. Il se demande ce qu'elle lui veut.

– Quel âge as-tu, mon garçon ? demande-t-elle de but en blanc. Je veux dire, quel jour es-tu né exactement ?

La question est si abrupte que Rehtsë hésite avant de répondre.

– Je sais pas... Seize ans, par là... Je suis né un treize octobre, je crois ; il y a seize ans, finit-il par dire.

Les lèvres de la dame bougent sans émettre aucun son. Elle semble faire un rapide calcul dans sa tête.

– C'est étonnant, dit-elle, tu es le seul ici qui ne dort pas. Tu n'es pas fatigué, toi ?

Son regard très doux inspire confiance.

– Si, mais...

– Mais tu n'arrives pas à dormir.

– C'est ça.

– Ni ici, ni chez toi. En fait, tu ne dors jamais, n'est-ce pas ?

Rehtsë la regarde, interloqué.

– Comment vous savez ça ?

– Je le sais… parce que je suis comme toi. C'est un don que nous possédons, vois-tu ? Toi et moi, et puis quelques autres encore. Personne ne t'en a jamais parlé ?

Elle le fixe avec intensité. Une lueur étrange brille dans ses yeux, qui met Rehtsë un peu mal à l'aise. Il ne sait pas quoi répondre. En fait, il préférerait qu'elle le laisse tranquille.

– Mais l'endroit n'est pas idéal pour que je t'explique ça, poursuit-elle. Tiens, prends plutôt ceci.

Elle lui tend un petit bristol où sont écrits quelques mots en lettres d'or.

– Tu n'as qu'à te rendre là, un soir prochain, nous en reparlerons. Seulement, ne tarde pas trop, c'est impor…

Mais Rehtsë ne l'écoute plus. À quelques mètres devant eux, un bateau blanc, majestueux, glisse sans bruit sur la nappe argentée du canal. Sa proue découpe les eaux en ourlets d'écume qui vont se défaire au pied de la jetée. Un éclat de rire retentit. Sur le pont, un homme en uniforme, appuyé au bastingage, fait la conversation à une jeune fille qui sourit. Sa bouche en coin donne à son visage une mine tout à fait charmante. Ses cheveux qui tombent en cascade de boucles blondes sur ses épaules rivalisent avec l'éclat du soleil. Dès l'instant où Rehtsë pose les yeux sur elle, il sent au plus profond de lui que cette vision va bouleverser sa vie. Il croise son regard et c'est un éblouissement.

Le rire de la jeune fille tinte toujours à ses oreilles, quand l'écho lointain de ses camarades éveillés le ramène à la réalité. Totalement subjugué par ce qu'il vient de voir, il n'a pas remarqué que la dame aux yeux doux était partie. Il hausse les épaules et glisse distraitement le petit carton dans sa poche.

« Les passagers sont priés de se tenir aux mains courantes, dit une voix monocorde. Attention à la fermeture des portes. »

Le guide en habit de cérémonie qui a invité la petite troupe à prendre place dans le funiculaire ne semble pas troublé le moins du monde par la magie de cette cabine qui gravit le flanc de la colline sans l'aide d'aucun homme. Mais pour les jeunes de Terregrasse, c'est un prodige qui s'accomplit sous leurs yeux.

– Ce funiculaire a été inauguré par le roi Timothée il y a tout juste soixante et un ans, commente-t-il. C'est le seul accès pour atteindre le sommet de la citadelle, où se trouve la fameuse Bibliogare. Les nacelles du téléphérique que vous apercevez à votre droite effectuent leur traversée d'une colline à l'autre en trente-deux minutes et seize secondes précisément, ce qui signifie que la durée totale du voyage aller-retour se fait en un peu plus d'une heure. Par un procédé jouant sur les paramètres de l'espace et du temps qu'il m'est difficile de vous expliquer ici, la traversée offre à chaque passager l'occasion de lire un livre en entier, quel qu'en soit le nombre de pages. Cette ingénieuse machinerie a été réalisée sous la supervision de l'architecte Homère Sybien, à qui l'on doit également le magnifique pont de l'Ouvrage qui relie la ville haute à ce côté de la rive. Nous arrivons maintenant au sommet de la citadelle.

Un murmure parcourt le petit groupe tandis que le wagon termine sa course dans un grincement d'engrenages.

– Ce lieu, autrefois forteresse imprenable, fut entièrement dédié aux activités de la Bibliogare, sous le règne du roi Hyppolite, qui en confia les clés aux Bienveillants. Avant la conception du funiculaire, tous les visiteurs empruntaient l'escalier aux huit cents marches dont on peut voir encore quelques vestiges là-bas à droite. Vu l'affluence sans cesse croissante de lecteurs, les guichets sont aujourd'hui tenus par une équipe de bibliothécaires spécialisés. Vous n'aurez donc pas le loisir de rencontrer les Bienveillants. Mais sachez que tous les livres exposés ici sont le fruit de leur travail réalisé en un peu moins de trois siècles. À présent, jeunes gens, dit le guide sur un ton solennel, le moment est venu pour vous de découvrir la Bibliogare. Veuillez vous diriger vers l'entrée, s'il vous plaît.

Deux énormes portes coulissantes s'ouvrent avec lenteur, et les adolescents restent sans voix : au milieu de l'esplanade en U bordée de remparts, s'élève une gigantesque coupole de verre. À l'intérieur, des grappes de jeunes gens se pressent aux guichets qui s'alignent par dizaines sur tout le pourtour de la salle. Des banderoles, suspendues aux quatre coins de l'immense hall, donnent des informations sur la marche à suivre pour obtenir un droit de passage vers le quai du téléphérique. Et tout autour, des milliers de livres sur des rayonnages à perte de vue.

Rehtsë suit le flot de la foule. L'appréhension lui contracte à nouveau l'estomac, à faire mal. Mais il tient bon. Il ne va pas renoncer aussi près du but. Par la porte qui donne sur le quai, il aperçoit les nacelles ventrues du téléphérique qui se balancent paisiblement au-dessus du vide, attendant leurs nouveaux voyageurs.

Il s'avance vers un guichet à la suite de ses camarades.

– Ne me dis pas que tu veux emprunter un livre, toi aussi ! s'esclaffe le type roux de tout à l'heure.

Rehtsë ne bronche pas. Il écoute tout ce qui se dit autour de lui, dans l'espoir de glaner des informations, sans devoir demander de l'aide. Quand vient son tour, il attend que la guichetière lui adresse la parole. Elle lève à peine les yeux sur lui, par-dessus ses lunettes :

– Votre nom ?

– Rehtsë Vasistas.

Elle suit de l'index une longue liste de noms inscrits dans son registre.

– Rehtsë Vasistas… Vasistas, voilà. Vous êtes de Terregrasse, c'est bien ça ?

– Oui, madame.

– Quel genre de livre aimez-vous lire, Rehtsë ?

– Je… J'aime tout, dit-il, la gorge nouée.

– Vous n'avez pas de préférence ?

– Non, madame.

– Eh bien, je vous propose celui-ci, c'est une histoire d'aventure et de conquête, je pense que ça pourra vous plaire.

La guichetière lui tend un bouquin à la couverture racornie.

– Merci, dit Rehtsë, soulagé. Et maintenant, je vais où ?

– Votre main, dit la femme en guise de réponse.

– Pardon ?

– Donnez-moi votre main.

Et, d'un geste vif, elle y imprime un nom en lettres rouges, à l'aide d'un tampon.

– Et voilà, dit-elle, suffit de monter à bord de cette nacelle. Ne tardez pas, le départ a lieu dans quelques minutes. Bon voyage.

Un autre jeune homme prend déjà sa place au guichet. Rehtsë s'éloigne. *Si au moins ils avaient écrit des numéros*, se désespère-t-il. Que faire ? Il écoute les conversations. « … Chaque cabine porte le nom d'un ancien Bienveillant », explique une petite boulotte, juste à côté. Plusieurs jeunes de Terregrasse sont déjà sur le quai. Une cabine décolle tandis qu'une autre embarque ses voyageurs. Rehtsë est pris de panique. Il lui faut à tout prix retrouver le garçon aux cheveux roux pour qu'il lui lise ce nom écrit sur sa main, au risque d'essuyer de nouvelles moqueries. Il ne peut tout de même pas faire demi-tour maintenant ! Rehtsë s'affole, il scrute le quai. Soudain, il aperçoit le rouquin qui monte à bord d'une nacelle. Il s'élance vers lui. Dans sa précipitation, il ne voit pas la silhouette qui s'avance sur sa droite et la heurte de plein fouet. Un « Oh ! » d'exclamation s'élève aussitôt de la foule. La jeune fille manque de tomber mais parvient à se raccrocher au bras de l'homme en uniforme qui l'accompagne. Sous le choc, le peigne qui maintenait sa chevelure glisse et s'en va rouler aux pieds de Rehtsë. Un attroupement se forme autour d'eux.

– Tout va bien, princesse ? Vous n'avez rien ? s'inquiète le garde.

– Oh mon Dieu ! bredouille le garçon. Je suis vrai... vraiment confus, je...

Mais l'homme en uniforme est déjà sur lui :

– Espèce d'idiot, tu ne peux pas regarder où tu mets les pieds ? Je vais t'apprendre à marcher droit, moi !

– Laissez, Michel, il n'y a pas de mal.

D'un geste doux, la jeune fille retire la main de l'officier qui tient Rehtsë par le col.

– Pardonnez ma… ma maladresse, dit Rehtsë, rouge de honte.

– Ce n'est rien, ne vous en faites pas, répond-elle d'un ton aimable. Puis-je récupérer mon peigne ?

Rehtsë s'empresse de ramasser le petit morceau d'ivoire sculpté et le lui tend. La princesse lui sourit :

– Dans quel wagon serez-vous, dites-moi ? Je voudrais éviter de monter dans le même, voyez-vous j'aurais trop peur que vous ne me fassiez tomber de là-haut… par maladresse !

Autour d'eux, les gens s'esclaffent. La princesse, la bouche en coin, lui adresse son sourire charmant. Mais pour Rehtsë, ce n'est pas un sourire. C'est plutôt comme un feu fou qui lui embrase les sens. De toute sa vie, jamais il n'a ressenti quelque chose d'aussi fort. Le sang frappe ses tempes, son cœur bat à faire exploser sa poitrine, il n'a plus une parole, plus un mouvement, juste ses yeux rivés sur elle.

Sans sourciller, elle soutient son regard, puis lui prend la main :

– Laissez-moi voir.

Pendant une fraction de seconde, leurs doigts se touchent, et c'est une nouvelle déflagration dans la tête du garçon.

– Nacelle « Phyllis ». Je suis hors de danger, on m'a attribué la nacelle « Philibert ».

Elle lui décoche à nouveau un sourire. Il ne dit rien. Il la regarde. Deux yeux immenses, un autre monde possible.

– Eh bien, faites bon voyage, dit-elle, et soyez prudent.

Elle s'éloigne, tandis que Rehtsë reste là, immobile, terrassé par l'amour. L'unique amour de sa vie.

Chapitre 10

L'anniversaire d'Eustache

Les clochettes tintinnabulèrent à peine quand Esther entra dans le salon de coiffure. Elle referma la porte à la hâte. Il faisait un froid de canard au-dehors.

– Bonjour, monsieur Signet.

– Esther, Esther ! Combien de fois devrai-je te demander de m'appeler Eustache ? dit le petit homme qui passait le balai.

Il interrompit son travail pour lui faire la bise.

– Brrr ! Tu es glacée, ma petite. File te réchauffer à l'arrière, j'arrive tout de suite, j'en ai encore pour une minute.

Exceptionnellement cet après-midi-là, le coiffeur avait accepté de fermer son salon plus tôt, à la demande d'Édith qui avait organisé un goûter en son honneur. Eustache Signet fêtait ses quarante ans.

En chemin, Esther s'était mise à compter le nombre de jours passés depuis sa propre naissance. Cinq mille neuf cent quatre-vingt-six nuits d'insomnie. Il ne restait donc plus que deux semaines à patienter avant l'initiation. Il lui tardait de devenir une Bienveillante. La rumeur courait que la milice renforçait chaque nuit un peu plus ses effectifs pour patrouiller en ville. Comme s'ils pressentaient l'imminence d'un changement et cherchaient à l'empêcher. Depuis l'arrestation de l'oncle Théodore, d'autres personnes avaient été jetées en prison, surtout des jeunes gens. Il se disait que des civils aidaient parfois la brigade à coincer ceux qui ne respectaient pas le couvre-feu. L'angoisse montait chaque jour un peu plus dans le cœur de la population. D'aussi loin qu'elle se souvienne, Esther n'avait jamais ressenti une atmosphère aussi lourde d'inquiétude et de suspicion.

Elle traversa le salon de coiffure. Elle aimait cet endroit qui fleurait bon la laque et le shampoing. Elle y était venue si souvent qu'elle se sentait un peu chez elle, et n'avait en ce lieu que des souvenirs heureux. Elle évita soigneusement les petits tas de cheveux épars sur le carrelage en damier. Au pied d'un fauteuil, elle aperçut quelques mèches de cheveux blancs. Le visage de Zolhtan surgit aussitôt dans ses pensées et son cœur se serra. Même si c'était pour elle une sensation nouvelle, elle savait avec certitude qu'elle était éprise de lui. Profondément. Jamais auparavant elle n'avait ressenti quelque chose d'aussi fort, jamais personne n'avait à ce point occupé ses pensées. Elle s'en défendait pourtant. D'autant que leur dernière rencontre lui avait laissé une impression trouble qui la mettait mal à l'aise. Était-ce à cause de la brièveté du moment ? Esther n'en était pas persuadée. C'était quelque chose de plus insidieux, d'indéfinissable, la sensation que le garçon qui lui plaisait n'était plus tout à fait le même cette nuit-là. Toujours aussi beau, bien sûr, mais ombrageux et… agressif. Le mot paraissait dur, mais c'était pourtant celui qui lui venait à l'esprit quand elle y repensait. Il les avait chassées, Édith et elle, pour les protéger, c'est certain, il avait eu peur qu'elles soient prises par la milice. Mais lui, pourquoi ne s'était-il pas enfui ? Et que s'était-il passé ensuite ?

– Bonjour, Esther. Tu arrives juste au bon moment, dit la mère d'Édith. Aide-moi à étendre cette nappe, veux-tu ?

Héloïse Signet, en tablier à fleurs, s'affairait dans la salle à manger. Esther ne l'avait jamais vue autrement vêtue. Pour l'occasion, elle avait noué ses cheveux avec un ruban de soie émeraude. Elle avait les mêmes boucles blondes que sa fille, le même sourire en coin qui dessinait sur sa joue une adorable fossette. C'était une petite dame simple mais soignée, un peu plus âgée que son mari. L'approche de la cinquantaine avait dessiné sur son front quelques rides permanentes. Elle ne sortait jamais, ne venait jamais au salon tant qu'il y avait des clients. Esther ne connaissait pas de personne plus discrète.

– Salut, Esther, lança Édith qui descendait les escaliers.

– Salut, Ed, fit Esther, tout en lissant la nappe. Bien dormi ?

Édith prit un air vexé :

– Hé ! Je ne dormais pas, je me dépêchais de faire mes devoirs !

– Je sais, je sais, c'était juste pour te taquiner. Au fait, tu as fini de recopier le texte du duc Hector, toi ?

– Pas encore complètement, mais mon Dieu, qu'est-ce que c'est ennuyeux !

– Ennuyeux ! intervint Madame Signet. Pas du tout, c'est très beau au contraire !

– Tu connais ça toi, maman ? s'étonna Édith.

– Bien sûr, qu'est-ce que tu crois, j'ai eu mon lot de devoirs, moi aussi ! « *Partir sans vous quitter, garder le lien complice, sans jamais éloigner nos cœurs qui se languissent* ».

– Alors là, tu m'épates ! Comment te souviens-tu de ça ?

– Tu vois, je ne suis peut-être pas aussi niaise que j'en ai l'air, fit-elle en adressant un clin d'œil à Esther. Allez, dépêchons-nous maintenant, Herman et Natacha ne vont pas tarder à arriver. D'ailleurs, si tu comptes toujours t'occuper du dessert, Édith, il est grand temps de t'activer !

– T'inquiète, maman, c'est déjà fait ! répondit la jeune fille, sur un ton mystérieux.

Madame Signet n'eut pas le temps d'approfondir la question. Des exclamations joyeuses leur parvinrent du salon de coiffure.

– Quel plaisir de vous revoir ! Entrez, entrez, dit Eustache.

La porte s'ouvrit sur le couple qui venait d'arriver. Herman, un grand type efflanqué en veston et cravate, suivi de sa compagne, une jeune femme au regard pétillant, pénétra dans la salle à manger. Eustache les aida à se débarrasser.

– Oh ! Je vois que tu as pris ton violon, cousin. C'est donc vrai, tu t'y es remis ? Tu nous interpréteras bien un petit air, n'est-ce pas ?

– Uniquement un « Joyeux anniversaire », dit Herman. C'est tout ce que je suis encore capable de jouer !

Les rires des deux hommes résonnèrent dans la pièce. Herman avait été premier violon dans l'orchestre royal, autrefois. Mais, depuis l'occupation, le théâtre et l'opéra avaient été fermés par ordre du Commandeur, et les musiciens forcés de reprendre d'autres activités.

– Mon Dieu, comme vous avez changé toutes les deux ! s'exclama Natacha, effarée de voir que les gamines qu'elle avait connues quelques années plus tôt étaient aujourd'hui des jeunes filles. Elle les étreignit chaleureusement. Ensuite, elle fouilla dans son sac et en sortit un petit paquet emballé dans du papier journal qu'elle tendit à Eustache.

– Désolée pour l'emballage, dit-elle, hélas cela fait belle lurette que l'on ne trouve plus de papier cadeau par chez nous ! Mais c'est ce qu'il y a dedans qui compte, n'est-ce pas ? Bon anniversaire, Eustache !

– Oh ! Natacha, fit le petit homme, embarrassé. Il ne fallait pas, je… je suis confus.

Il déchira le journal et découvrit une cloche de verre, scellée sur un socle de bois. À l'intérieur, un peigne en ivoire sculpté reposait dans un écrin de velours rouge.

– Voilà un présent parfait pour un coiffeur, s'esclaffa le petit homme, sans trop savoir quelle réaction adopter devant ce cadeau insolite.

– Qu'est-ce que c'est ? s'étonna Édith.

– C'est une pièce très rare, ma chérie ! dit Natacha. Ce peigne a appartenu à la reine Sarah, au temps des invasions barbares. Vois-tu ces dents à l'apparence inoffensive ? Elles sont en fait imprégnées d'un poison violent capable de tuer un adulte en quelques secondes. Ce peigne lui avait été offert par son père le roi Friedrich, afin qu'elle puisse se donner la mort si, par malheur, elle tombait aux mains de l'ennemi. Il est passé ensuite de mère en fille, de génération en génération.

– Mais d'où sors-tu ce trésor, Natacha ? Je ne peux accepter un tel cadeau, voyons ! protesta Eustache.

– Prends-le, s'il te plaît, dit Natacha. Quelqu'un en a fait don au Muséum d'histoire, il y a des années, au début de l'occupation. Nous l'avons conservé en secret, mais comme il nous est formellement interdit de posséder dans nos collections quoi que ce soit qui ait appartenu à la famille royale, je préfère m'en séparer. Alors, je t'en prie, garde-le, il sera plus en sécurité chez vous.

Eustache se tourna vers son épouse, et prononça cette phrase curieuse :

– Le destin joue parfois de bien drôles de tours, n'est-ce pas ?

Héloïse hocha la tête sans rien dire. Il y eut comme un flottement, puis Esther lança avec humour :

– Voilà ce qu'on appelle « un cadeau empoisonné » !

Les invités rirent de bon cœur. Héloïse les convia à prendre place à table et servit du vin chaud. Herman leva son verre à la santé de son cousin, quand les clochettes de l'entrée tintèrent à nouveau.

– Zut ! J'aurais dû verrouiller la porte, regretta le coiffeur qui s'était levé. J'ai pourtant bien indiqué que le salon était fermé pour aujourd'hui.

– Laisse, papa, je m'en occupe, dit Édith. Esther, tu peux venir, s'il te plaît ?

Les deux filles disparurent dans le salon. Elles revinrent aussitôt avec une énorme boîte. Sur le coup de la surprise, le silence se fit parmi les invités.

– À chacun son tour d'offrir son cadeau, dit Édith.

Elle sortit un feuillet de sa poche et se mit à lire d'un ton solennel :

– *« Cher père, mon si cher papa, en ce jour exceptionnel, je tenais à te faire ce cadeau. Pour toi qui es toujours si délicieux, mon papa gâteau, toi qui es à mes yeux le plus grand de tous les rois. Je t'aime, papa.* »

Tout le monde applaudit. Eustache sortit son mouchoir et s'essuya les yeux. L'énorme boîte fut déposée au centre de la table et Édith en ôta le couvercle. Devant les yeux des convives stupéfaits apparut une pyramide de profiteroles, sous une cascade de caramel et de crème Chantilly.

– Mais comment est-ce possible ? Comment as-tu fait, Édith ?

Le coiffeur n'en revenait pas.

– Ce n'est pas moi qui l'ai fait, dit Édith, c'est lui.

Dans l'embrasure de la porte se tenait un grand garçon pâle aux cheveux en bataille.

Les présentations furent faites. Mehdi fut invité à prendre part au goûter. On savoura avec lenteur et délectation les douceurs confectionnées par le jeune homme. Depuis combien de temps n'avait-on goûté pareil délice ? Les joues de l'apprenti s'empourprèrent sous l'avalanche de compliments, l'empêchant de lever les yeux de son assiette. Pour ne pas l'embarrasser davantage, chacun évita de l'interroger sur la manière dont il s'était procuré ces ingrédients si rares depuis l'occupation, même si bien sûr la question brûlait toutes les lèvres. On se régala. Édith en particulier, qui ne savait où donner de la tête, entre sa pâtisserie et son pâtissier qu'elle dévorait des yeux. Pour célébrer l'événement, le cousin Herman sortit son violon. Esther proposa une danse qu'elle avait apprise au Cabaret Écarlate. Et vraiment, c'était touchant de voir cette si belle insouciance à l'heure où couvait un drame.

Chapitre II

L'orphelinat

– Et c'est en apprenant cette nouvelle que le duc Hector décida de mettre fin à son voyage. À son retour, l'armée du Commandeur avait déjà entamé le siège de Boucainvillier. Celui-ci dura…

Le professeur Lepire se tut, et la classe fut plongée dans le silence. On avait frappé à la porte, il alla ouvrir. Les élèves échangèrent des regards inquiets lorsqu'un policier se présenta, accompagné de deux gardes de la milice. Esther reconnut l'officier à moustache qu'elle avait rencontré à la maison d'arrêt. Que venait-il faire jusque dans leur école ?

– Bonjour, professeur. Excusez-nous d'interrompre votre cours. Nous avons quelques questions à poser à vos élèves.

Lepire les fit entrer et prit place au fond de la classe. Lorsqu'il passa à sa hauteur, Esther vit que ses vieilles mains tremblaient.

– Jeunes gens, je serai bref : pour des raisons d'hygiène mentale et de santé publique, nous recherchons parmi ceux de votre âge des personnes qui seraient atteintes d'insomnie chronique. Y en a-t-il dans cette classe ?

Esther sentit son cœur s'affoler dans sa poitrine. Par chance, le professeur Lepire se tenait dans son dos et elle n'eut pas la tentation de chercher à croiser son regard. Surtout ne pas se tourner vers Édith, surtout ne pas regarder dans sa direction.

– Il ne vous sera fait aucun mal, soyez sans crainte. Nous souhaitons juste vérifier que ce phénomène n'affecte pas la santé et qu'il n'est pas contagieux. Alors ? Y en a-t-il ?

– Y en ! Y en ! fit quelqu'un en imitant le cri d'un âne. Toutes les têtes se tournèrent vers l'endroit d'où provenait le son.

– Vous voyez, dit l'officier de police en souriant d'un air pincé, quand je parlais de santé mentale !

Il émit un petit ricanement qui n'eut aucun écho parmi les élèves.

– Comment t'appelles-tu, mon garçon ?

– Philémon Chapeau, chef ! fit le garçon d'un air frondeur.

– Chapeau... Chapeau... Tu dois être un des gamins de l'orphelinat, si je ne me trompe.

– 'Bsolument, chef !

Esther avait déjà entendu parler de l'orphelinat de Bonne Couverture. C'était là qu'avaient été recueillis les enfants qui s'étaient retrouvés sans famille après l'invasion. Elle ne s'était jamais doutée que Philémon en faisait partie. Il n'avait que quelques mois de plus qu'elle et devait être bébé au moment de la bataille.

– Eh bien, Chapeau Philémon, si je puis me permettre ce petit trait d'humour. Mais l'officier à moustache ne riait pas. Tu viens de te désigner pour faire partie du test, reprit-il, et d'un geste de la main, il fit signe aux deux gardes de l'emmener.

– Du test ? intervint Lepire qui s'était avancé. De quoi s'agit-il au juste ?

– Je viens de le dire, professeur, nous allons procéder à quelques expériences pour vérifier que les insomnies qui accablent certains jeunes ne sont pas un danger pour la population.

– Mais, ce garçon n'a pas dit qu'il était insomniaque !

– Certes, mais il ne paraît pas non plus tout à fait sain d'esprit. Et puis, il nous faut aussi pouvoir effectuer quelques points de comparaison. Monsieur Chapeau nous sera très utile, croyez-le.

– Écoutez, je... Philémon est parfois taquin, j'en conviens, mais ce n'est pas un fauteur de troubles, je peux vous l'assurer. J'en réponds comme de moi-même.

– Nous verrons cela, professeur. Si le garçon est docile

et s'il satisfait à nos tests, il rejoindra bientôt votre classe, mais s'il s'avère qu'il cause des ennuis, je vous en tiendrai pour responsable. Après tout, s'il a été placé à l'orphelinat, c'est forcément que ses parents ont eux aussi fait preuve d'incivisme, n'est-ce pas ? Ne dit-on pas « tel père, tel fils » !

Lepire serrait les dents. Il ne trouva rien à répliquer.

– Bonne journée, professeur, reprit l'officier. Je vous laisse à votre cours d'histoire. N'oubliez pas d'enseigner à vos élèves le rôle majeur qu'a joué notre Commandeur.

Les trois hommes en uniforme quittèrent la classe, emmenant avec eux l'effronté Chapeau.

Personne n'avait compris pourquoi Philémon s'était comporté de cette manière. Il n'avait pourtant pas la réputation d'être particulièrement rebelle, et tous les élèves furent profondément choqués de ce qui lui était arrivé. Dans la cour de récré, on ne parlait plus que de ça : qu'allait-il devenir ? Qu'allait-on faire de lui ? Il n'avait aucune famille pour lui venir en aide. Esther était envahie d'un sentiment de révolte. Elle rageait devant tant d'injustice :

– Il y a quand même bien moyen de faire quelque chose ! On ne va pas rester comme ça les bras croisés à attendre qu'ils nous jettent tous en prison, les uns après les autres !

– Calme-toi, ça ne sert à rien de te mettre dans cet état, lui dit Édith, tandis qu'elles rentraient chez elles.

– Mais, Ed, je ne peux pas accepter une chose pareille, c'est moi qui suis responsable de ce qui lui est arrivé !

– Comment ça ?

– Mais enfin, tu le sais ! C'était moi qu'ils cherchaient. J'aurais dû me dénoncer plutôt que de les laisser l'emmener.

– Parle moins fort ! dit Édith en jetant des regards inquiets tout autour d'elle. Tu es folle ou quoi ! Tu veux te faire prendre aussi ?

Esther se radoucit :

– Non... Mais je me sens coupable, Ed, tu comprends ? Coupable et lâche.

– Mais enfin, tu n'es coupable de rien, Esther ! Tu n'as pas choisi d'être ce que tu es, tu le sais bien. Et même si tu t'étais dénoncée, crois-tu qu'ils auraient laissé Philémon pour autant ?

– Non, sans doute, admit Esther.

Les deux jeunes filles s'arrêtèrent à l'angle du parc.

– Écoute, reprit Édith, tu veux faire quelque chose ? Va voir Lepire et demande-lui conseil. Si j'ai compris ce que tu m'as raconté de l'autre nuit, c'est un... Il peut « bien veiller » sur nous, n'est-ce pas ? Alors, parles-en avec lui, il saura quoi faire. Je suis sûre qu'à l'heure qu'il est, il a déjà un plan.

Esther eut l'air d'hésiter :

– Oui, mais... Je ne peux pas lui en parler à l'école. Encore moins maintenant !

– Oh non ! implora Édith. Tu ne vas pas ressortir la nuit ! Esther, s'il te plaît, ne…

Mehdi venait de les rejoindre. Il les salua gaiement :

– Bonjour, Esther, bonjour, dame Édith. Regardez un peu ce que j'apporte là.

Il brandit un petit feuillet qu'il tendit à Esther :

– C'est la recette de la pâte à choux. Tu m'avais dit que ta femme d'ouvrage aimerait l'avoir.

Esther lui sourit, mais Édith se renfrogna :

— C'est pas juste ! Alors elle, elle a droit à une surprise et moi rien du tout !

Mehdi fit apparaître l'autre main, qu'il avait gardée dans son dos :

– Et pour toi, une « pomme d'amour » !

– Oh ! Quel ange ! « Monsieur Delahaut », vous êtes adorable !

La blondinette se jeta dans ses bras.

– Bon, je vous laisse, dit Esther. Merci pour la recette, Mehdi.

Elle tourna les talons, mais Édith la retint par le bras :

– Bon courage pour le devoir de maths.

Puis, plus bas :

– Sois prudente, ma meilleure amie du monde…

Édith avait raison, c'était chaque jour plus risqué de braver le couvre-feu. Malgré tout, Esther était résolue à se rendre au restaurant. Elle voulait à tout prix s'entretenir avec les Bienveillants des événements survenus à l'école. Et puis, sans vraiment se l'avouer, elle espérait revoir une nouvelle fois Zolhtan.

Dès que sa mère fut endormie, elle se faufila hors de la maison. À peine avait-elle mis le nez dehors, qu'un drôle de sifflement lui parvint du parc plongé dans la pénombre. Une gamine, qui ne devait pas avoir plus de sept ou huit ans, sauta de l'arbre où elle était perchée et la rejoignit sur le trottoir :

– 'Scusez mon sifflet, m'dame, avant j'le f'sais mieux, mais depuis la semaine passée, j'en ai perdu deux, ici devant.

Elle ouvrit une bouche béante pour qu'Esther puisse admirer la place laissée par les dents de lait. La petite avait le visage crotté et des allures de garçon manqué qui la rendaient immédiatement sympathique, songea-t-elle. Ses traits lui étaient familiers et il lui sembla reconnaître un des trois enfants qui les avaient sauvées, Édith et elle, quelques nuits plus tôt.

– C'est M'sieur Horace qui m'envoie vous chercher.

Avec une escorte pareille, je ne crains plus rien, se dit Esther en souriant intérieurement.

Sans attendre, la fillette lui saisit la main et l'entraîna à sa suite. Elle courait si vite, qu'Esther avait peine à la suivre.

– Où allons-nous ? s'inquiéta Esther, voyant qu'elles ne prenaient pas la direction de la ville basse.

En guise de réponse, la gamine désigna du menton la chapelle du bout de la rue. Elles gravirent les marches du parvis et entrèrent par une porte latérale.

À l'intérieur, l'obscurité était presque complète. Seul un faible rayon de lune filtrait à travers les vitraux. Esther avançait à tâtons, s'attendant à tout moment à se heurter à un obstacle, mais la fillette connaissait parfaitement les lieux. Elle la guida sans la moindre hésitation jusqu'à une large colonne de pierre située sous le jubé. Au dos de celle-ci, dissimulées derrière une porte basse, des marches étroites s'enfonçaient dans les profondeurs de la terre. Elles les dévalèrent, au risque de s'y rompre le cou.

– Très peu de gens connaissent encore l'existence de ces galeries, c'est pourquoi l'idée nous est venue de les emprunter. Elles nous permettent de traverser la cité sans risquer de croiser la milice.

Hanselm Lepire était assis en face d'Esther, dans la salle à manger du restaurant « Où bon me semble ».

– J'ai cru apercevoir des signes sur les parois, dit Esther, des sortes de flèches dorées peintes sur la roche.

– C'est que les passages souterrains sont innombrables, on s'y perdrait comme rien. Alors, nous avons laissé quelques repères. Ces symboles que tu as aperçus, sont la marque des Bienveillants. Ils représentent une plume, comme tu as dû en voir dans chacun des livres que tu as reçus des Livreurs.

– Lors de la six millième nuit, commenta Hélène qui les avait rejoints, pour son initiation, chaque nouveau venu au club reçoit une plume d'or, comme celle-ci.

Elle tendit à Esther un stylo à la plume large :

– Vois-tu, c'est avec ça que les Bienveillants écrivent le nom du destinataire sur l'emballage.

Esther se souvint des ouvrages reçus et de la délicieuse excitation qu'elle éprouvait chaque fois qu'elle découvrait son nom inscrit en lettres d'or.

– Justement, je me suis toujours demandé…

Elle ne savait trop comment formuler sa question pour ne pas paraître indélicate.

– … Comment faites-vous pour les livraisons ? Je veux dire, je sais maintenant, il y a les galeries et tout ça, mais tout de même, il faut parcourir des kilomètres, et courir comme un lièvre pour échapper à la milice ! Et vous, vous êtes si…

– Si vieux ? compléta Horace. Tu as raison, nous sommes trop vieux pour ça. Et trop occupés aussi. Alors, à chacun sa tâche : nous nous chargeons d'écrire, et les Livreurs font le reste.

– Les Livreurs ? Ce n'est pas vous qui…

– Oh non ! Ce n'est pas nous, dit Lepire, d'un air amusé. N'est-ce pas, Henriette ?

Le professeur et la gamine qui avait guidé Esther échangèrent un regard complice.

– Viens si tu veux, je vais te montrer not' maison.

Par la cuisine du restaurant, ils empruntèrent le passage du grand Cuisinier. La porte du frigo donnait accès à un couloir peu profond. À l'autre extrémité, un panneau de bois s'ouvrait sur une vaste salle de séjour. Quand Henriette l'eut refermé derrière la petite troupe, Esther constata que l'ouverture se fondait dans le décor compliqué de la tapisserie. Les issues étaient donc parfaitement cachées de part et d'autre.

– Nous voici à l'orphelinat de Bonne Couverture, dit Hélène. Nous accueillons ici tous les enfants sans famille de Boucainvillier, depuis l'occupation. Nous leur offrons le gîte et le couvert, en échange de quoi nous leur confions la tâche délicate de porter nos ouvrages partout dans la ville et au-delà. Ce sont eux, les Livreurs. Après l'incendie de la Bibliogare, les gens n'avaient plus du tout accès aux livres des Bienveillants, alors Horace a eu cette idée lumineuse.

Le vieil homme enchaîna :

– C'était absolument vital, tu comprends. Après les événements terribles qui s'étaient produits, le peuple était si malheureux qu'il avait plus que jamais besoin d'espoir et de réconfort. Sans l'aide de nos petits Livreurs, je ne sais pas ce que nous serions devenus.

– C'est vrai, reprit Hélène, ils sont très courageux. Nous leur devons beaucoup.

Elle passa une main dans les cheveux de la petite Henriette qui s'était mise à bâiller.

– Être Livreur demande du sang-froid, poursuivit-elle. Il faut être rapide et agile, pour pouvoir se faufiler partout, sans être vu ni entendu. Et pour les plus anciens, ceux qui sont presque adultes aujourd'hui, la mission est d'autant plus difficile.

– Philémon Chapeau est l'un d'eux, n'est-ce pas ?

Esther venait de réaliser qu'elle côtoyait depuis des années un Livreur, sans avoir jamais pris la peine de chercher à savoir qui il était vraiment. Il avait fallu que survienne le drame de ce matin pour qu'elle s'interroge sur sa vraie nature. À l'idée qu'il s'était livré pour détourner l'attention de la police et la protéger, ses yeux s'embuèrent.

– Que peut-on faire pour lui maintenant ?

– Rien, hélas, dit Lepire. Rien d'autre que ce que nous faisons déjà : écrire dans l'espoir de rendre le monde meilleur.

Esther sentit la colère monter en elle :

– Mais ce ne sont pas ces histoires qui le sortiront de prison !

Les trois vieillards baissèrent la tête en signe d'impuissance.

– Pardon, excusez-moi, fit-elle sur un ton plus doux. Ce n'est pas ce que je voulais dire. C'est que... Je suis si malheureuse pour lui.

– Nous le sommes tous, Esther, dit Hélène.

Henriette vint lui prendre la main :

– Tu veux qu'j'te montre où c'est que je dors ?

Esther s'essuya les yeux et lui emboîta le pas. À l'étage, une cloison verticale divisait le dortoir en deux chambrées distinctes. D'un côté, les filles, de l'autre les garçons. Esther suivit Henriette à l'intérieur. Des tentures encadraient chaque lit, comme d'innombrables petites alvéoles, afin de créer un peu d'intimité. Sur chacune d'elles était brodé le nom d'un pensionnaire. Esther n'eut pas besoin de lire celui qui figurait sur la niche voisine de celle d'Henriette. Elle reconnut instantanément l'odeur de pieds d'Hortense Mitmir.

Chapitre 12

Le vagabond

(Trente-deux ans plus tôt)

Une semaine qu'il déambule dans la ville. Il se lave à l'eau des fontaines, il ne mange rien ou presque, ce qu'il trouve dans les poubelles. Il n'a pas un sou. Il s'en fiche. Rehtsë n'est pas rentré avec les autres à Terregrasse. Tant pis, son vieux père comprendra. Plus tard. Quand le jeune homme aura accompli son destin. Car il en est sûr maintenant, son avenir est ici, à Boucainvillier, tous les signes le disent : au moment de reprendre la route, il l'a croisée à nouveau. Trois fois dans la même journée, ça ne peut être le fruit du hasard ! Elle est entrée à la chapellerie de l'avenue Demars, il l'a suivie. Comme l'officier qui l'accompagnait s'entretenait avec le personnel du magasin, il s'est approché. À quelques centimètres. Indifférente à sa présence, elle essayait des chapeaux. Il a palpé les rubans, tâté du bout des doigts les feutres moulés pour se donner une contenance et se laisser le temps de trouver les mots. Il ne connaît pas les belles manières, n'est pas un orateur, il le sait, alors, quitte à tout perdre, il a préféré jouer la franchise. Il a dit : « Je m'appelle Rehtsë, je voudrais vous revoir. Je suis amoureux de vous. » Elle, la princesse, elle a souri. Elle ne s'est pas enfuie et n'a pas non plus alerté son garde. Elle a juste répondu très bas : « Pas maintenant... Je reviens en ville dans deux jours, accompagnée de ma suivante. Ce sera... plus facile. Rendez-vous à l'entrée du parc, du côté de la rue Massicot à seize heures, nous pourrons nous parler. »

À son retour au palais, la princesse Meredith est convoquée dans les appartements de son père. Elle s'attend à ce qu'il la réprimande pour s'être adressée à un inconnu, elle imagine que Michel, l'officier chargé de sa garde, a tout raconté. Mais le roi Rodolphe l'entretient d'un tout autre sujet. Il veut savoir si Alphonse était présent aux manifestations de l'après-midi. Il a eu vent que son fils aurait profité de l'occasion pour se rendre à la chasse et il est furieux :

– Par tous les diables ! Comment peut-il espérer me succéder sur le trône, s'il se soustrait déjà à la moindre obligation qui lui incombe ?

Sa voix terrible fait trembler la pièce et sa longue barbe argentée tressaute sur sa poitrine à chacune de ses paroles.

– Ne vous fâchez pas, père. Je suis sûr qu'il n'a pas cherché à vous mettre en colère. Alphonse a besoin d'action, vous le savez comme moi, il est habile aux armes et plein de fougue. Ne sont-ce pas là aussi des qualités requises pour un futur roi ?

– Certes. Mais en prenant sa défense, tu te trahis. Dois-je en conclure que la rumeur dit vrai ? Réponds-moi franchement, Meredith, ton frère aîné était-il à la Bibliogare ?

– Je ne sais plus… Il y avait tellement de monde !

– Ta loyauté envers lui t'honore, ma fille. À bien des égards, tu es plus sage que lui. Mais la sagesse recommande que l'on dise toujours la vérité, n'est-ce pas ? Alors, je te le demande encore une fois : était-il à la citadelle cet après-midi ?

Meredith se mord la lèvre puis elle baisse la tête en signe de résignation :

– Non.

Les portes claquent à toute volée. Alphonse déboule dans l'écurie, hors de lui. L'officier, qui était en train d'assister au ferrage de son cheval, se redresse :

– Que se passe-t-il, mon prince ?

– Ah Michel ! Si tu savais ! Cette garce de sœur m'a trahi ! Elle est allée raconter que je n'étais pas à l'ouverture de la foire du printemps, et maintenant mon père est furieux contre moi. Il veut m'interdire d'aller chasser ! Tu vois, je te l'ai toujours dit, Meredith est une langue de vipère !

– Eh bien voilà ! Ça vous apprendra à partir à la chasse sans moi, plaisante l'officier pour détendre l'atmosphère.

Le prince desserre un peu les mâchoires. Il assène une tape virile dans le dos de l'officier :

– C'est vrai, mon bon Michel, tu nous as manqué pour cette partie. Le gibier était particulièrement farouche et je n'ai pas fait d'aussi belles prises que quand tu es à mes côtés.

– Croyez-moi, j'aurais préféré venir avec vous plutôt que d'être réduit à chaperonner votre sœur.

Le prince saisit une cravache dans le box voisin et la fait claquer contre sa botte. Son visage s'assombrit à nouveau :

– Tout de même, je suis son aîné, elle me doit le respect, ne penses-tu pas ? Au lieu de ça, elle dresse notre père contre moi !

– Vous croyez ?

– Je ne le crois pas, je le sais ! Mais je ne vais pas en rester là, je te le dis, elle ne perd rien pour attendre. Je saurai lui faire payer son insolence.

Cette fois, la cravache s'abat sur la croupe du cheval qui hennit de douleur. D'un violent coup de sabot, l'animal envoie valdinguer le palefrenier et tout l'attirail qui servait à le ferrer.

– Ah, si au moins je trouvais le moyen de la prendre en faute ! enrage Alphonse. Son image de petite fille modèle en pâtirait à coup sûr !

– Il y a peut-être un moyen, dit l'officier d'un air songeur.

La petite bonne précède sa maîtresse de quelques pas. Quand elles arrivent au parc, un jeune homme est là, qui attend. Elles passent devant lui, sans même le regarder. Les deux jeunes femmes prennent place sur un banc, à l'écart et restent là un moment, sans échanger une parole. Puis, la bonne vient se poster à la grille et c'est le signal pour Rehtsë qui rejoint Meredith, à l'ombre du saule pleureur. Ainsi, chaque jour depuis une semaine, ils se retrouvent et plus rien d'autre ne compte que cette demi-heure qu'ils passent ensemble. De l'extérieur, la scène peut paraître insolite : une fille de roi et un fils de rien se tiennent par la main, se lâchent et s'écartent pour mieux se regarder, échangent quelques mots puis s'étreignent à nouveau. Meredith prend le visage de Rehtsë entre ses doigts, elle lisse de l'index ses sourcils en broussaille, replace une mèche de cheveux sur son grand front soucieux, elle lui dit qu'il est beau et Rehtsë en est transporté. Jamais personne ne lui a dit cela. Quand vient l'heure de partir, la bonne quitte son poste et c'est un déchirement pour les deux amoureux. Ils se promettent de se revoir. Demain, et après, et toujours. Ils ne veulent pas admettre l'impossibilité de leur amour.

– Meredith, avec un vagabond, dis-tu ?

Le roi Rodolphe secoue la tête, abasourdi. Il ne parvient pas à y croire. Alphonse jubile devant sa mine déconfite, mais il se garde bien de le montrer :

– Oui, père, c'est hélas la stricte vérité. Et Michel pourra vous le confirmer, c'est lui qui les a surpris à plusieurs reprises cette semaine. Je me suis dit qu'il était de mon devoir de vous avertir.

– Tu as bien fait, fils.

Le souverain accuse le coup. Pour la première fois, songe Alphonse, il paraît déstabilisé, perdu.

– Alors il nous faut agir vite, lance-t-il soudain, avant qu'il n'arrive malheur. D'où vient ce garçon, le sait-on ?

– De Terregrasse.

– De Terregrasse... C'est loin, tant mieux. Eh bien, qu'il y retourne. Et qu'il y reste. Occupe-t'en, Alphonse. Trouve ce vagabond et fais-lui comprendre qu'il n'a pas sa place ici. Il ne doit plus jamais remettre les pieds à Boucainvillier.

– Je m'en charge, père. Vous pouvez compter sur moi.

Puis, se ravisant :

– Mais...

– Mais quoi ?

– Si j'accomplis cette besogne, il m'en coûtera. Ma chère sœur va m'en vouloir... J'aurai à payer le prix fort de sa rancune et de son chagrin pour vous avoir obéi.

– Pas si elle n'en sait rien, grogne le roi.

– Mais elle le saura, père, parce que je vais le lui dire.

Sinon, vous comprenez, elle cherchera sans cesse à le revoir. Et puis, « la sagesse recommande que l'on dise toujours la vérité », n'est-ce pas ?

Le prince a prononcé ces mots sur le ton qu'emploie son père quand il lui fait la leçon. Rodolphe détourne la tête, il ne dit plus rien.

– Serez-vous plus indulgent au sujet de mes parties de chasse, en échange de ce service ?

– Soit, dit le roi, fais ce qu'il faut, et je saurai me montrer reconnaissant.

À peine a-t-il prononcé ces paroles, que pèse déjà dans sa poitrine la sensation désagréable d'avoir pris une mauvaise décision.

Quand elle est loin de lui, Rehtsë vagabonde le jour, la nuit, il rôde dans la cité, taraudé par l'impatience de la revoir. Il est éperdument, totalement amoureux, au point d'en perdre tout sens de la réalité. Il arpente les rues, le sourire aux lèvres. Pour la première fois de sa vie, il se rit des railleries et du mépris des regards qu'on lui adresse. Au contraire, quand des filles se retournent sur son passage, il en éprouve de la fierté. Quel est ce sentiment tout neuf qui ne le quitte plus ? C'est donc ça, le bonheur ?

Par hasard, il retrouve dans sa poche le carton de la dame aux yeux doux. Il l'avait complètement oublié. Il se souvient d'un endroit où il serait attendu et aussi d'une vague conversation au sujet de ses insomnies. Il se dit qu'il en parlera à Meredith, oui, il faut qu'il lui parle de ça. Il veut qu'elle sache tout de lui et il veut tout savoir d'elle. Ils pourraient peut-être s'y rendre ensemble ? Ensemble... Ce mot résonne dans sa tête comme une formule magique qu'il se plaît à répéter sans cesse. Il n'est plus seul, désormais ils sont deux. Plus jamais les moqueries, les humiliations, plus jamais n'être rien pour personne. Aujourd'hui, ils sont deux, pour la vie, pour toujours.

Ce soir, ils délaissent le parc et leur cachette sous le saule. Meredith a obtenu de pouvoir sortir plus tard, sous le prétexte de se rendre au théâtre. Ils vont avoir deux longues heures rien qu'à eux, et pour Rehtsë c'est un nouveau cadeau du ciel. Le rendez-vous doit avoir lieu sur une péniche amarrée en haut du canal. Il descend les escaliers vers la ville basse. Il court plus qu'il ne marche. Il n'est pourtant pas en retard, il est même en avance d'une bonne heure. Ses jambes le portent, mais sa tête est ailleurs.

Une ombre le suit pas à pas. Rehtsë ne voit rien. Rien d'autre que le visage de son aimée qui l'obsède.

Des larmes de rage coulent sur ses joues. Meredith frappe du poing, donne des coups de pied dans la porte, elle tourne en rond dans sa chambre, comme un animal en cage. Il lui avait semblé bizarre, en effet, que son père accepte si aisément sa sortie au théâtre, lui qui rechignait d'habitude à la laisser rentrer tard. Elle aurait dû se méfier. Comment a-t-il su pour Rehtsë ? Est-ce qu'il l'a fait suivre tous ces après-midi ? Elle se sent trahie, volée. La voici maintenant enfermée à double tour, et cette fichue serrure qui ne veut pas céder ! Les paroles du roi tournent sans cesse dans sa tête : *« Tu me déçois beaucoup, Meredith. S'enticher d'un bon à rien, d'un mendiant, n'est pas digne d'une princesse... N'espère pas le revoir un jour... »* Elle hurle, supplie, rien n'y fait. Alors, à bout de forces, elle s'effondre et laisse couler ses larmes de désespoir.

Il lui faut un moment avant d'entendre la voix de sa suivante derrière la porte :

– Princesse, écoutez-moi. Nous pouvons peut-être faire quelque chose.

Meredith émerge de son chagrin. Elle s'essuie les joues et tend l'oreille.

La bonne reprend :

– Écrivez une lettre. J'irai la lui porter.

Meredith se dresse d'un bond. Elle se précipite à son bureau, jette à terre tout ce qui l'encombre, s'empare d'une plume et écrit. Le soir tombe. Il reste peu de temps. Elle plie le papier, le glisse sous la porte.

– Fais vite, je t'en prie, avant qu'il ne soit trop tard.

– Il l'aura, je vous en fais la promesse.

– Merci, Marthe. Merci du fond du cœur.

Marthe dévale les escaliers. Elle sort par la porte des cuisines et traverse la cour. Elle se sent affreusement coupable de ce qui est arrivé. Et si c'était sa faute ? Si elle avait manqué de vigilance durant leurs rendez-vous ? Elle n'a pourtant vu personne les suivre. Elle court jusqu'à l'étable où est rangé son vélo. Au moment d'ouvrir le lourd battant de bois, elle tombe nez à nez avec l'officier Michel. *Manquait plus que ça*, se dit-elle.

– Bonsoir, Michel.

– Bonsoir, ma mignonne. Où cours-tu comme ça ? Ne devrais-tu pas être au chevet de la princesse ? J'ai entendu dire qu'elle avait quelques petits soucis de cœur en ce moment.

Il la regarde d'un œil amusé.

Mais oui, évidemment, songe Marthe. *Le voici notre espion ! Toujours à fureter partout pour le compte du prince Alphonse. Sois prudente, ma fille, et surveille tes paroles !*

– Je dois… Je dois voir mon frère.

– Ben, il est à l'atelier justement. Il est venu chercher une pièce à remplacer au Pylône, je viens de le croiser.

Il s'approche un peu plus de Marthe et la considère d'un air soupçonneux :

– Et tu as besoin de ton vélo pour ça ? Moi, j'aurais plutôt pensé que tu voulais te rendre en ville.

– En ville ? dit-elle d'un ton mal assuré. Non, je voudrais qu'il jette un œil sur cette foutue bécane. La chaîne saute sans arrêt ! Le plateau est peut-être voilé, qu'en penses-tu ?

Marthe fait mine de se pencher sur son vélo, laissant à l'officier tout le loisir de plonger son regard dans son décolleté généreux.

Me voilà prise au piège, songe-t-elle. *Impossible de quitter le palais à présent.*

– Ben, tu sais, je n'y connais pas grand-chose, dit Michel. Enfin… pour ce qui est des vélos, je veux dire. Parce qu'en ce qui concerne les choses de l'amour…

Imbécile ! J'étais sûre que tu tomberais dans le panneau, sourit intérieurement la bonne.

– Oh ! Je n'en doute pas un instant, Michel, dit-elle en lui adressant un sourire. Et, sans lui laisser le temps d'en dire davantage, elle enfourche son vélo et s'enfuit vers l'atelier.

Rehtsë longe le quai. Il voit s'éteindre à l'horizon les derniers rayons du soleil. Encore une journée magnifique. Quelques centaines de mètres plus loin, il reconnaît la péniche que lui avait décrite Meredith. Il s'approche de la passerelle et s'apprête à monter à bord, quand une silhouette se dresse devant lui.

– Tu t'appelles Rehtsë ? lui dit un gars en bleu de travail.

– Oui, qu'est-ce que tu me veux ? répond le jeune homme sur ses gardes.

Le type qui lui barre le passage dégage une forte odeur de cambouis :

– On m'a dit de te donner ça.

– Qu'est-ce que c'est ?

– Ben, une lettre, tu le vois bien.

– Mais de qui ?

– J'en sais pas plus. T'as qu'à la lire. Déjà qu'on m'a fait courir jusqu'ici.

– Bon, merci. C'est tout ? dit Rehtsë, comme le gars reste planté devant lui.

– On m'a dit aussi de te prévenir qu'il fallait pas rester là.

– Pourquoi ça ?

– Y a du danger à ce qui paraît.

– ...

– Bon, je file. Salut ! fait le type.

– Attends une minute !

Rehtsë déplie la lettre et la lui tend :

– S'il te plaît, tu... Tu veux pas la lire, toi ?

– Oh là ! dit le gars en faisant trois pas en arrière. J'ai rien à voir avec ça, moi !

Il jette des regards inquiets autour de lui :

– Reste pas là, c'est tout ce que je te conseille.

Et sans plus un mot, le gars s'éloigne en direction du pont.

Rehtsë hésite, il ne sait que faire. Il pose un pied sur la passerelle, se ravise, fait demi-tour, puis revient à nouveau. Une lettre, de qui et pour quoi faire ? Un message de son aimée ? Ou de quelqu'un qui cherche à l'éloigner d'elle ? Ou encore de cette dame aux yeux doux ? Il fourre le papier dans sa poche. Il ne veut pas compromettre son rendez-vous, et risquer de mettre Meredith dans l'embarras si on les aperçoit ensemble sur le quai, alors il monte à bord. Le bateau tangue. Et le destin bascule.

Ils l'ont battu. Battu à mort. Ils étaient deux. Sous les yeux écarquillés d'horreur des clients et du patron de la péniche, ils se sont acharnés sur lui. Personne n'a osé s'interposer. Ils étaient saouls, et puis on n'intervient pas dans les affaires d'un prince... « N'oublie jamais ça, vermine, crachait Alphonse, tandis que le soldat lui maintenait les bras dans le dos, ne t'approche plus jamais de ma sœur, tu entends ! » La tête du garçon a fait un bruit sourd quand ils l'ont cognée à plusieurs reprises contre la cloison d'acier. Puis, ils l'ont jeté dehors et ont continué à le rouer de coups, alors qu'il était face contre terre. « Tu ne mettras jamais plus les pieds dans cette ville, je te le garantis ! » a dit l'officier Michel, tout essoufflé. Du bout de sa botte, le prince l'a retourné pour voir son visage. « Je veux qu'il se souvienne toute sa vie de cette correction », a-t-il lâché. Rehtsë n'a pas eu le temps de faire le moindre geste pour se protéger. La cravache s'est abattue par trois fois sur sa figure tuméfiée, déchirant ses chairs en de profonds sillons écarlates. Comme le garçon ne bougeait plus, ils l'ont laissé là, inanimé, sur le pavé, au milieu d'une mare de sang.

Longtemps après, une carriole tirée par un âne s'arrête à la hauteur de la péniche. Un homme crasseux en descend. Il s'approche du corps inerte. Le croyant mort, l'homme le dépouille de sa veste, fouille ses poches et jette dans le canal leur contenu sans valeur. Puis, tenant d'une main la tête défigurée, il enfonce ses doigts sales dans la bouche, à la recherche d'une dent en or. Comme Rehtsë suffoque, l'homme comprend qu'il est toujours vivant. Il l'embarque dans sa carriole, et l'emmène.

Il faut un moment avant que le docteur ne vienne ouvrir.

– 'Scusez, m'sieur Bretzel, mais y a urgence, dit l'homme en montrant du doigt le garçon étendu dans la charrette.

On le porte jusqu'au cabinet. Théodore lui prend le pouls, constate les multiples fractures, fait la grimace en palpant les os du crâne à travers la chevelure dégouttante de sang.

– Je vais faire de mon mieux. Prions pour que la nature fasse le reste !

Tandis que le jeune médecin soigne ses plaies, le garçon revient à lui. Il gémit sous la morsure de l'alcool qui brûle les boursouflures de sa peau lacérée. Lorsque le docteur lui demande d'où il vient et ce qui lui est arrivé, Rehtsë émet un son qui s'apparente plus à un râle qu'à de véritables mots. Au prix d'un terrible effort, il parvient tout juste à articuler « Terregrasse ».

– Terregrasse, ce n'est pas la porte à côté, constate Théodore. Il faudra le reconduire chez lui. Vous pourrez vous en charger, n'est-ce pas ?

– Et pourquoi que je ferais ça, moi ? rétorque l'homme crasseux. Je suis rémouleur, pas voiturier !

– Je te paierai la course, dit le docteur en soupirant. Et, voyant que l'homme rechigne toujours : À moins que tu ne préfères expliquer à la police pourquoi la veste de ce malheureux se trouve sur ton dos ?

– Qu'est-ce qui vous dit que c'est la sienne ? répond le rémouleur, soudain mal à l'aise.

– Pense à la faire nettoyer, dit le docteur sur le même ton détaché, il y a des traces de sang de tous côtés.

La cité est toujours endormie quand la carriole franchit le pont de l'Ouvrage. À l'arrière, au milieu des outils et des pierres à aiguiser, le garçon défiguré affûte sa haine pour tenter d'oublier l'insoutenable douleur qui lui ronge le corps et le cœur. Quelques mètres plus bas, une lettre d'amour et un carton de bristol reposent à jamais au fond des eaux noires du canal.

Chapitre 13

Six mille nuits

– Depuis le temps lointain où l'homme a appris à lire, il a toujours été sensible à la beauté des mots, au pouvoir fascinant qu'exerce l'écriture sur son cœur et son âme.

Horace tenait dans ses mains une boîte d'acajou. Il l'ouvrit et tout le monde put voir la plume d'or destinée à Esther. Livreurs et Bienveillants, rassemblés autour d'elle, attendaient impatiemment son initiation. On s'était réuni dans la salle à manger pour célébrer l'événement : ce soir, débutait sa six millième nuit d'insomnie. Un buffet avait été dressé pour l'occasion, verres de cristal, nappes chatoyantes, vaisselle de faïence, tandis que quatre grands chandeliers achevaient de conférer à la scène un éclat presque magique.

– Nombreuses sont les batailles qui ont été remportées grâce à quelques mots bien choisis, reprit le vieillard, c'est une force inestimable que nous t'offrons de maîtriser. Mais le choix t'appartient. Tu es la seule à pouvoir décider.

Un frisson parcourut l'assemblée. L'instant fatidique était arrivé. La plupart de ceux qui étaient présents n'avaient jamais assisté à une initiation. Il est vrai que la dernière en date, celle d'Hanselm Lepire, avait eu lieu quarante-huit ans plus tôt.

– Évidemment, tu ne pourras déguster mon gâteau d'âme que si tu acceptes de devenir Bienveillante, ajouta le grand Cuisinier. Mais cela ne doit pas influencer ton choix. Si tu changes d'avis, je peux aussi te faire... une soupe de navet !

Tout le monde se mit à rire, Esther la première. Elle se sentait détendue et surprise de l'être. Elle avait attendu cette nuit avec tant d'impatience qu'elle s'étonnait à présent de ne rien ressentir de particulier. Pas de sensations bizarres, pas d'impression de vieillissement accéléré, elle n'était pas d'un seul coup devenue quelqu'un d'autre.

Elle fixa l'assemblée, prit son inspiration et dit d'une voix forte :

– Apportez la soupe de navet...

Il y eut un flottement. La consternation se lisait sur tous les visages.

– Apportez la soupe de navet au Commandeur, reprit-elle. Moi, je me contenterai volontiers d'une part de gâteau !

Un énorme soupir de soulagement fit le tour de la pièce. Des hourras retentirent. Le grand Cuisinier coupa la pâtisserie à l'aide de son couteau géant et on servit à boire. Puis, sous le regard attentif de son professeur, Esther enfourna sa première bouchée de gâteau d'âme.

Le restaurant s'était vidé petit à petit. Tous les Livreurs étaient partis se coucher.

– Tout va bien, Esther ? demanda Hélène.

– Oui, ça va. J'ai juste de drôles de picotements dans la main.

– C'est normal, c'est le signal, dit Lepire. Le gâteau fait son effet. Il va t'emmener « où bon te semble », au gré de ton imagination. Bientôt la démangeaison envahira tout ton bras et le seul moyen de la soulager sera de te mettre à écrire.

Les Bienveillants s'étaient retirés à l'arrière du restaurant, dans un petit salon où Esther n'était encore jamais entrée. Pour tout mobilier, six fauteuils occupaient la pièce. Dans un coin, sur une table basse, une lampe de chevet diffusait une lumière tamisée, propice à la réflexion. C'était la salle de préparation. Sur le mur du fond, six portes donnaient accès à six petits bureaux. Sur chacune des portes était marqué un prénom : Horace, Hélène, Hanselm. La quatrième ne portait pas d'inscription. Sur la cinquième, le prénom de Hugo avait été barré. Et il y avait des copeaux de bois par terre devant la sixième porte. Le prénom d'Esther venait d'y être fraîchement gravé.

– Lorsque l'inspiration sera là, rends-toi dans ton

bureau sans attendre, dit Lepire. Et inutile de te gratter le bras ! Utilise plutôt ta plume pour gratter le papier. Les chatouillis disparaîtront au fil des pages, tu verras.

Le grand Cuisinier arriva avec un plateau chargé de tasses.

– Comment as-tu trouvé mon gâteau, Esther ?

– Absolument délicieux, dit-elle, et aussi... étonnant !

En réalité, Esther s'était attendue à une consistance plus épaisse, plus difficile à digérer. Mais la pâte moelleuse était si légère, la crème si onctueuse qu'on pouvait en manger à volonté, sans que ça ne pèse jamais sur l'estomac.

– Heureux qu'il t'ait plu, ma petite, dit le géant, satisfait.

Pendant qu'il servait le thé, son ventre se mit à produire d'étranges borborygmes. Il posa la théière, ferma les yeux. Il avait le front plissé et le teint pâle de quelqu'un qui lutte contre la douleur. Comme Esther s'étonnait, Hélène lui confia à voix basse :

– C'est chaque nuit comme ça, depuis quelque temps. On ne peut rien faire... Il refuse d'en parler, mais tout le monde sait... Ah ! Si Théodore était encore là, il le soignerait en un rien de temps ! Mais ne t'inquiète pas, ça va passer. Il s'en remet toujours.

Effectivement, ses joues avaient recouvré une couleur normale. Son visage se détendit. Il échangea quelques mots avec Horace, puis repartit avec son plateau.

À côté d'Esther, Lepire s'était levé. Comme un somnambule, il marcha jusqu'à son bureau, et referma la porte derrière lui. Puis, ce fut au tour d'Hélène et d'Horace de quitter leur place, laissant Esther seule dans la pièce.

La jeune fille se sentait mal à l'aise. Toujours ce léger fourmillement dans sa main, mais pas de chatouillis. Et si l'inspiration ne venait pas ? Elle était insomniaque, mais avait-elle le don de l'écriture ? Était-elle capable d'inventer des histoires, de trouver les mots bien choisis, comme le disait Horace ?

L'impatience la gagnait. Derrière les portes closes, pas un bruit. Elle se mit à se gratter machinalement. Ses pensées revinrent à son amie. Elle se souvint d'un jour d'été où elles étaient montées ensemble sur la colline, par-delà la ville haute. Il avait fallu franchir des bouquets d'orties qui leur piquaient les mollets. Il faisait un temps magnifique. Au sommet, l'air sentait bon l'herbe sèche et le romarin. Un vent chaud gonflait leurs robes comme des voiles de bateau. Elles avaient couru avec l'impression de toucher les nuages. Peut-être avaient-elles volé ?... Survoler la ville et faire des signes aux gens d'en bas, leur envoyer des baisers et des éclats de rire en cadeau, comme la promesse de beaux jours à venir...

Esther était assise à son bureau. Sa plume courait sur le papier. Par moments, elle s'arrêtait pour secouer son poignet endolori et elle souriait de voir les feuilles couvertes d'écriture s'entasser à ses pieds.

Et ainsi chaque nuit, des récits héroïques, des actes de bravoure, des poésies fantasques, des romans d'aventure et des histoires d'amour à profusion. L'inspiration d'Esther faisait l'admiration de ses partenaires Bienveillants.

– Quel souffle épique ! Quel lyrisme, Esther ! Tu es fabuleusement douée ! s'exclamait Lepire qui ne tarissait pas d'éloges sur son élève.

Les manuscrits, à peine achevés, relus et corrigés, étaient envoyés à l'orphelinat. Une équipe effectuait la reliure et l'empaquetage. C'était souvent les plus âgés qui remplissaient cette tâche, ceux qui ne pouvaient plus livrer, en raison de leur trop grande taille. Esther se rendit compte à quel point les Livreurs étaient précieux dans cette entreprise. Ils ne se chargeaient pas seulement de relier les ouvrages et de les faire parvenir à leurs destinataires. Ils rapportaient aussi chaque jour des anecdotes sur les gens de la cité : *« Untel s'inquiète pour son travail, Unetelle attend un bébé, une autre a perdu son chat, celui-là ne veut plus faire ses devoirs... »* Cela permettait aux Bienveillants d'écrire avec plus d'acuité des histoires qu'ils destinaient à certaines personnes en particulier.

Les informations étaient collectées le soir, avant l'heure du coucher. Esther essayait d'assister le plus souvent possible à ce temps de bavardage singulier. Les orphelins se rassemblaient en cercle dans la grande salle de séjour et chacun racontait à tour de rôle ce qu'il avait entendu. La priorité était donnée aux plus petits, ceux qui devaient se coucher les premiers, car pour les Livreurs, la journée commençait bien avant l'aube.

Les Bienveillants prenaient des notes au passage, posaient des questions, demandaient quelques précisions. Au fil des jours, Esther affinait ses récits. Elle sentait que son style s'améliorait. Elle y mettait toute son énergie, tout son cœur et rentrait chez elle épuisée, mais heureuse. Toutes les histoires qu'elle écrivait parlaient à chacun et chacune de ce qui lui était le plus cher, le plus secret. Au petit matin, elle éprouvait un plaisir intense à signer à l'encre d'or le paquet qui contenait son dernier manuscrit. Les orphelins racontaient que quelque chose était en train de changer à Boucainvillier, ces derniers temps. Ce n'était encore presque rien, bien sûr, à peine un frémissement, mais on pouvait croire qu'un souffle nouveau se lèverait bientôt sur la ville. Hélas, ce petit courant d'air frais allait être vite balayé par une tempête.

Chapitre 14

Le Petit Jour

L'imprimerie où travaillait Agathe Bretzel était située au faubourg de la ville. C'était un entrepôt presque vétuste, encombré de machines sales et volumineuses, de palettes et de rames de papier. Quelle que soit la saison, il était traversé par les courants d'air. Esther s'y rendait toujours à contrecœur, comme en cette fin de soirée, où sa mère lui avait expressément demandé de venir l'aider. Plusieurs ouvriers étaient malades, or le journal ne pouvait attendre, il fallait boucler le tirage. L'impression du quotidien *Le Petit Jour* était l'activité principale de l'entreprise. Depuis l'occupation, ses papiers contenaient surtout des articles de propagande à la gloire du régime en place. Agathe s'était opposée à les imprimer au début, mais sous la menace de fermeture, elle avait fini par s'y résoudre. Après la mort de son mari, elle ne pouvait se permettre de perdre son travail. C'était malgré tout un sujet de discorde entre elle et sa fille. Esther lui reprochait de travailler pour le compte du Commandeur. Agathe rétorquait que seul son argent leur permettait de tenir. Et sur ce point, Esther ne trouvait rien à redire. Elle éprouvait en même temps une grande admiration pour sa mère qui maintenait l'entreprise à flot, en jouant les rôles de comptable, chef du personnel, tantôt typographe ou même empaqueteuse, quand un ouvrier venait à manquer. Sans jamais se plaindre, Agathe travaillait douze heures par jour, ne rentrait que pour déjeuner avec sa fille, puis retournait à l'atelier jusque tard dans la soirée. Le contenu du journal devait être avalisé par l'officier vérificateur et il fallait attendre son « bon à tirer » pour pouvoir lancer l'impression.

Depuis plus d'une demi-heure, Esther avait fini d'aider le linotypiste à ranger les lettres de plomb dans leur châssis. Elle parcourut distraitement l'épreuve fraîchement sortie de presse pour combler l'attente.

« Exploit de la milice : nos courageux gendarmes ont encore fait bonne pêche », titrait le journal. *Et moi qui avais cru que toutes ces arrestations prendraient fin après ma six millième nuit, j'ai été bien naïve !* songea-t-elle.

La lumière s'éteignit dans le bureau. Agathe Bretzel décrocha son manteau de la patère et rejoignit sa fille dans l'atelier.

– Voilà, j'ai fini. On peut y aller.

– Quoi ? lâcha brusquement Esther. Ce n'est pas possible !

Une phrase dans la rubrique nécrologique venait d'accrocher son regard.

– Que se passe-t-il ? s'étonna sa mère.

Les mains d'Esther tremblaient.

– Le cuisinier de Bonne Couverture...

– Oui, il est mort tôt ce matin, je pense. On nous a apporté l'avis de décès aux environs de onze heures. Tu le connaissais ?

Surtout ne pas montrer son émotion. Esther eut envie de dire qu'elle l'avait vu cette nuit encore, mais elle se retint. Le grand Cuisinier avait eu une nouvelle crise, il est vrai, au moment de servir le gâteau, mais tout de même, ça paraissait si soudain !

– Je l'ai croisé quelquefois à l'orphelinat, se justifia-t-elle, quand j'allais aider Hortense pour ses devoirs. C'était un brave homme.

– La perte d'un être cher laisse toujours un goût amer, philosopha Agathe Bretzel.

Bien sûr, elle ne pouvait mesurer combien ses paroles sonnaient juste. Esther parvint à refouler son chagrin jusqu'à ce qu'elles soient rentrées, mais une fois dans sa chambre, elle s'effondra sur son lit.

Les Livreurs étaient rassemblés dans la salle de séjour. Tous les yeux étaient tournés vers les quatre Bienveillants qui siégeaient devant l'âtre. Les mines étaient graves, le silence à peine troublé par les crépitements du feu dans la cheminée. De temps en temps, on entendait renifler la petite Henriette qui s'essuyait vigoureusement le nez sur le revers de sa manche. Hortense lui tenait bravement la main, mais on voyait à ses yeux rougis qu'elle avait beaucoup pleuré.

– Mes amis, l'heure est grave, commença Horace de sa voix usée. Pour la première fois depuis la naissance de notre société secrète, nous sommes confrontés à la perte de notre cuisinier. C'est la fin d'une vie, la fin d'une histoire, et aussi la fin de mille récits inspirés par son talent prodigieux. Il nous manquera à tous. Demain, c'est une ville entière qui ressentira le vide de son absence. Sans lui, nous ne sommes plus capables de bien veiller sur le peuple de Boucainvillier. C'est pourquoi, malgré la peine que me coûte cette décision, je me vois dans l'obligation de vous annoncer la fermeture du restaurant « Où bon me semble ».

La tristesse et la déception s'affichèrent sur tous les visages. Certains ne purent retenir leurs larmes.

– Non ! s'écria quelqu'un. On n'a pas le droit de baisser les bras !

– C'est vrai, dit un autre en levant le poing, on doit continuer à se battre.

Une rumeur parcourut la salle. La colère prenait le pas sur le chagrin.

– Je comprends votre indignation, mes enfants, dit

Hélène, mais sans les gâteaux d'âme, nous ne sommes plus capables d'écrire autant.

– Alors, faut trouver un autre grand Cuisinier !

– Oui ! Oui ! Il a raison !

Des voix s'élevaient de tous côtés. L'excitation montait.

– On peut p't-êt' vous aider. Moi, j'sais faire le pudding, proposa Henriette.

Lepire leva la main pour faire taire l'assemblée :

– Allons, du calme, s'il vous plaît.

Il attendit que le silence soit tout à fait revenu :

– Ce n'est pas aussi simple, hélas, de lui trouver un remplaçant. Avant l'occupation, on aurait pu recruter un autre cuisinier sans trop de difficulté, mais c'est beaucoup plus compliqué à présent. Il nous faudrait quelqu'un en qui nous puissions avoir totalement confiance, quelqu'un qui garde le secret et qui soit prêt à se consacrer corps et âme à sa mission. Et puis, surtout, il faudrait une personne de grand talent, capable de reproduire la recette des gâteaux d'âme.

– Mais la recette, vous l'avez au moins ? s'enquit Hortense.

– Oui, nous la connaissons à peu près, mais ce n'est pas à proprement parler d'une recette dont nous avons besoin, dit Hélène. C'est plutôt d'une posologie.

– Une pause au logis ? Ça veut dire qu'ils vont dormir avec nous à l'orphelinat ?

Henriette ne comprenait plus très bien de quoi il était question.

– Les quantités sont presque toujours les mêmes, compléta Horace, mais les ingrédients varient en fonction des saisons, du temps qu'il fait. C'est un travail d'une extrême précision que notre grand Cuisinier exécutait de mémoire, pour l'avoir répété des milliers de fois. Alors, par précaution, il ne gardait pas ses notes dans la cuisine, au cas où quelqu'un de mal intentionné aurait voulu s'en emparer. Il les avait confiées à un ami sûr.

– Et c'est qui, cet ami ? demanda l'adolescent qui avait levé le poing tout à l'heure.

Lepire se tourna vers Esther :

– Le docteur Bretzel, dit-il.

Le petit carnet rouge dans la sacoche de cuir, se souvint Esther.

– Je crois savoir où trouver ces notes, dit-elle.

Dans sa tête, une idée était en train de germer.

L'aube pointait au-dessus des toits de la ville, quand Esther sortit de la chapelle. Elle retrouvait sans peine son chemin à travers les galeries souterraines maintenant. Elle se glissa jusqu'au trottoir toujours plongé dans la pénombre et descendit la rue, absorbée dans ses pensées.

Oui, il fallait récupérer ce précieux petit carnet rouge et le rapporter au restaurant. Le combat des Bienveillants ne pouvait s'arrêter aujourd'hui. Évidemment, il faudrait trouver un nouveau cuisinier et le former. Comment s'y prendre ? Là-dessus, Esther avait sa petite idée...

À la hauteur de la boulangerie, elle vit de la lumière par le soupirail. Mehdi était peut-être déjà au travail dans l'atelier de son patron. Elle passa le coin.

Il y eut soudain des éclats de voix. Du mouvement sur le trottoir d'en face. Quand elle réalisa qu'elle était en danger, il était trop tard pour se mettre à courir. *C'est trop bête*, pensa-t-elle, *je ne suis plus qu'à quelques pas de chez moi.* À sa gauche, un escalier donnait sur des vespasiennes à l'abri d'une haie, Esther s'y engouffra. Elle resta là, pendant de longues minutes, immobile et silencieuse dans l'air glacé du petit matin. Mais la morsure du froid n'était rien en comparaison de la scène qui se jouait sous ses yeux.

– Tenez-le !

Des silhouettes s'agitaient à quelques mètres à peine. Leurs bottes claquaient sur le sol gelé. Esther dénombra au moins six hommes, dont un civil qui se tenait légèrement à l'écart, cependant qu'un autre, au milieu de la mêlée, criait et se débattait. Depuis sa cachette, Esther ne pouvait voir leurs visages, mais ce qu'elle entendit la terrorisa :

– Lâchez-moi, bande d'abrutis !

– Tenez-le bien, dit le caporal.

– Mais, puisque je vous dis que je travaille ici, à la boulangerie !

– Bien sûr, bien sûr, dit le gradé, sur le ton de l'ironie. Et tout ceci, ça vient d'où ?

Esther entendit qu'on fouillait dans un sac en papier.

– Des tablettes de chocolat, une bouteille de rhum ! Eh ben, mon gaillard !

– Ça ? C'est pour la pâtisserie, se défendit l'apprenti.

– Peut-être, mais ça ne nous dit pas comment tu te les es procurés !

– ...

– Allez, au poste !

On lui passa les menottes. Mehdi s'était tu. Le soldat tendit une bourse à celui qui était resté à l'écart.

– Et voilà pour toi, dit-il. Tu as fait du bon travail.

Esther tremblait de tous ses membres. *Cette fois, je ne resterai pas sans agir !* Elle fit un pas hors de sa cache, mais resta pétrifiée d'horreur : le jeune homme qui s'éloignait avec une bourse à la main avait les cheveux blancs.

Chapitre 15

Le fils du traître

L'eau brûlante qui dégoulinait sur sa peau lui faisait du bien. Enfermée dans la salle de bains, sous un cocon de vapeur, Esther s'accordait quelques instants de répit. Elle avait laissé couler toutes ses larmes de rage et de chagrin mêlés. À présent, elle se sentait vidée de toute force. Lentement, elle sortait de l'état d'atterrement où l'avaient plongée les événements de ces dernières heures, néanmoins une part d'elle refusait d'y croire. Après tout, peut-être n'était-ce qu'un cauchemar éveillé ? *Oh oui ! S'il vous plaît, faites que tout ça ne soit qu'un mauvais rêve !* Mais au fond d'elle, elle savait : le grand Cuisinier était mort, Zolhtan était un traître à la solde du Commandeur, et Mehdi... Comment allait-elle annoncer la nouvelle à son amie ? Rien que d'y penser, elle se remettait à trembler.

Une fois sortie du bain, elle s'essuya et se peigna longuement les cheveux. Ces gestes, maintes fois répétés, l'aidèrent à reprendre pied peu à peu. Elle entendit une conversation à l'étage en dessous, puis la porte se refermer. Ce n'était pas sa mère, Agathe Bretzel était déjà au travail. Elle enfila son peignoir et descendit.

– Qui était-ce ? demanda-t-elle.

Marthe la dévisagea, l'œil pétillant de malice :

– Pas de chance, tu viens juste de manquer la visite d'un charmant garçon !

Esther regarda au-dehors, mais ne vit personne.

– C'était mon neveu, dit Marthe.

– Ton neveu ? s'étonna Esther.

La jeune fille était tellement habituée à sa présence, qu'elle en oubliait parfois que Marthe avait une famille ailleurs.

– Mais oui ! Ça te surprend tellement que je sois la tante d'un beau jeune homme ? En plus, Zolhtan est adorable, tu sais, il...

Esther blêmit d'un seul coup. Elle dut se tenir à la rampe pour ne pas tomber.

– Qu'est-ce qui se passe, s'inquiéta Marthe, tu ne te sens pas bien ?

– Qu'as-tu dit ? Répète ce que tu viens de dire !

– Qu'est-ce que j'ai dit ? Je... Je te parlais de mon neveu Zolhtan.

– Le garçon aux cheveux blancs ?

Marthe acquiesça :

– Tu le connais ?

– Je ne veux plus jamais qu'il mette les pieds ici, Marthe, tu m'entends ! Plus jamais !

La bonne recula d'un pas, sous le ton impétueux d'Esther.

– Mais enfin, Esther, quelle mouche t'a piquée ? Pourquoi dis-tu cela ?

Esther s'apprêtait à lui déballer toutes les péripéties de la nuit, quand elle se ravisa de justesse :

– Je ne peux pas t'expliquer, Marthe, mais c'est très important ! Je ne veux plus le voir ici !

Marthe baissa la tête, d'un air penaud.

– Très bien, si c'est ce que tu souhaites, je lui dirai de ne plus venir.

Elle paraissait vraiment désolée. D'une voix blanche, elle reprit :

– Je ne sais pas pourquoi tu es en colère contre lui, mais tu ne pourras pas nier qu'il est gentil. Regarde, il est venu rapporter ceci.

Elle lui tendit la vieille écharpe de son père.

Esther sentit son cœur perdre la cadence : Zolhtan, un salaud au cœur tendre ? Et Mehdi ! Et le grand Cuisinier ! Non, c'était plus qu'elle ne pouvait en supporter. Elle s'évanouit.

Elle n'alla pas à l'école ce matin-là. Marthe avait pris sur elle de la garder au chaud, à la maison. Et tant pis pour les cours. Esther, de son côté, s'inquiétait pour son amie. Elle se rongeait les sangs à l'idée qu'Édith n'apprenne l'horrible nouvelle à la boulangerie, sans personne pour la soutenir. Elle aurait voulu être là pour l'aider à surmonter son chagrin, lui apporter du réconfort. Mais en aurait-elle été capable ? Elle-même se sentait flouée, trahie. Comment avait-elle été assez stupide pour croire en une histoire d'amour avec ce menteur, ce fourbe, ce... La rage la rongeait de l'intérieur et elle se disait que sortir de chez elle lui aurait permis de se changer les idées. Elle avait protesté pour que Marthe la laisse partir, mais la femme d'ouvrage s'était montrée intraitable :

– Tu n'iras nulle part tant que tu n'auras pas repris des couleurs ! Et tu vas me boire ce bouillon de légumes jusqu'à la dernière goutte.

Elle lui tendit un bol fumant et s'assit auprès d'elle dans le divan.

– Je vais mieux, la rassura Esther, tu t'inquiètes pour rien.

– Ça oui, je m'inquiète ! Tu aurais dû voir ta tête quand j'ai prononcé le prénom de mon neveu, j'ai cru que tu allais me sauter à la gorge !

– Marthe, il faut que tu me croies sur parole : ton neveu n'est pas du tout quelqu'un de bien.

– Ne le juge pas trop vite, Esther. Tu ne connais pas toute son histoire !

– Que veux-tu dire ?

– Je veux dire qu'il a peut-être des raisons de faire ce qu'il fait.

– Je ne comprends pas, explique !

– Eh bien, si je ne t'ai jamais parlé de lui, ni de Ralph, son père, c'est qu'il y a des souvenirs qu'on préférerait ne jamais devoir évoquer...

Marthe avait quitté le divan et s'était approchée de la fenêtre. Sur la colline en face, la silhouette sombre de la citadelle se détachait du ciel laiteux.

– Mon frère Ralph était mécanicien. Un garçon très habile, de l'avis de tous. Il avait été missionné par le roi lui-même pour entretenir et faire fonctionner la machinerie complexe du téléphérique. C'était un grand honneur pour notre famille, car il n'y avait jamais plus d'un mécanicien par génération à travailler au Pylône. Lui confier cette tâche revenait à lui offrir une place de choix dans notre société. Et je peux dire qu'il s'en acquittait avec beaucoup de zèle. Peut-être trop même. Il travaillait quinze heures par jour, remontait quelquefois la nuit jusqu'à la salle des machines pour s'assurer que tout tournait rond.

– Où veux-tu en venir, Marthe ? Je ne vois pas le rapport avec Zolhtan !

– Attends, tu vas comprendre... La guerre survint. Après

la mort du roi, la ville tomba très vite aux mains des assaillants. Le prince Alphonse, la princesse Meredith ainsi que quelques autres proches de la famille royale, dont ton père, réussirent à se réfugier à la citadelle. L'armée du Commandeur ne parvenait pas à les en déloger, car, une fois au sommet, ils avaient pris soin de bloquer le wagon du funiculaire. Or, tant que leur souverain résistait, les gens de Boucainvillier gardaient espoir. Un soir, des résistants montèrent jusqu'au Pylône. Ils avaient eu vent que le Commandeur projetait d'utiliser le téléphérique pour pénétrer dans la citadelle, et ils venaient pour le démolir. Ils se rendirent dans la salle des machines, mais mon frère les repoussa violemment. Jamais il n'aurait laissé qui que ce soit enrayer sa précieuse mécanique. C'était son honneur qui était en jeu ! Alors, la nouvelle se répandît que Ralph était un traître. Sa vie bascula. En ville, les gens crachaient sur son passage, on l'injuriait à voix basse, on le traitait de salaud et de lâche. Il devint comme fou, la honte le rongeait. Il tint quelques jours, pas plus. Une nuit, il monta au Pylône et détruisit la machine, mais il ne redescendit pas. C'est le petit et sa mère qui le trouvèrent le lendemain : pendu aux câbles du téléphérique, il dansait au-dessus du vide.

– Oh, Marthe, je suis désolée...

– Il n'avait que quatre ans, Esther, tu te rends compte ! À cause du choc émotionnel sans doute, Zolhtan perdit tous ses cheveux. Et quand ils repoussèrent, ils étaient blancs.

Chapitre 16

Comme un adieu

Blanc. Un grand tapis blanc était tombé sur la ville. La neige avait fait son entrée, un peu par surprise, un peu pour recouvrir les peines qui avaient creusé des trous dans les cœurs. Le restaurant « Où bon me semble » avait fermé ses portes, jusqu'à nouvel ordre. Les cours seraient bientôt suspendus pour quelques jours. C'était la fin de l'année. *La fin de tout*, se disait parfois Esther, quand elle perdait courage. Elle ressentait le vide. Blanc aussi à l'intérieur. Comme si l'amour n'était qu'un mensonge qu'il fallait effacer pour toujours. Et puis, elle sentait l'étau du malheur se resserrer autour d'elle. Chaque jour apportait son lot de peines, chaque jour de nouvelles brimades dans les rues, de nouvelles arrestations. Elle savait que le Commandeur la cherchait. Il voulait certainement l'éliminer, comme il l'avait fait seize ans plus tôt avec Hugo. Parfois, elle se demandait s'il n'était pas de son devoir de se livrer, plutôt que de laisser des innocents se faire arrêter à sa place. Mais alors, le Commandeur serait vainqueur cette fois encore, et le peuple de Boucainvillier continuerait de subir sa tyrannie. Il lui semblait qu'il y avait mieux à faire. Mais quoi ? Résister aux côtés des braves Livreurs ? Les mots qu'elle écrivait seraient-ils jamais assez forts pour compenser tant de malheurs ? Les livres pourraient-ils un jour apporter de véritables solutions ? Esther aurait voulu aider plus concrètement ceux qu'elle aimait et qui souffraient : Mehdi, Philémon, l'oncle Théodore… Et puis, bien sûr, Édith. Elle revoyait sans cesse le visage de son amie. Ses grands yeux baignés de larmes, ses lèvres qui s'agitaient en une prière muette.

Quand elle avait appris l'arrestation de son amoureux, Édith était rentrée chez elle et s'était enfermée dans sa chambre. Elle y était restée cloîtrée pendant trois jours entiers, ne laissant entrer personne. Ses parents, qui craignaient pour sa santé, avaient demandé à Esther de leur venir en aide, ils étaient complètement désemparés. La négociation avait été longue avant qu'Édith accepte d'ouvrir.

Les deux amies avaient parlé, parlé pendant des heures. Esther avait cherché les mots qui réconfortent, c'était tout ce qu'elle pouvait offrir. Elle s'était bien gardée de parler de Zolhtan, de son implication dans cette affaire et de ce qu'elle avait appris à son sujet. Édith était déjà anéantie par le chagrin, à quoi bon la tourmenter davantage ? La blondinette avait perdu son éternel sourire, et c'était un vrai supplice de la voir ainsi.

Ça ne pouvait plus durer ! Il fallait faire quelque chose. En rentrant ce soir-là, Esther avait pris sa décision : elle irait chercher Mehdi, où qu'il soit, et quoi qu'il lui en coûte. Par amitié pour son amie et parce que l'avenir d'un peuple entier dépendait de lui.

– Quel idiot celui-là ! Comme s'il ne savait pas qu'il faut une autorisation écrite signée de la main du préfet pour pouvoir sortir pendant les cours !

Celui qui venait de parler sur un ton moqueur était un grand échalas en culotte de velours prénommé Hans.

– T'as raison, s'esclaffa un garçon plus petit, ça lui apprendra à toujours vouloir faire différemment des autres !

– N'empêche, fit un troisième qui avait toujours la goutte au nez, quand il s'est fait coincer par la patrouille, il paraît qu'il a reçu une sévère correction devant tous les passants, dans la rue. Au moins dix coups de matraque ! Ça fiche la trouille !

– Eh bien, tant pis pour lui, que ça lui serve de leçon.

– Oui, que ça lui serve de leçon, crut bon d'ajouter le petit.

– C'est comme ce Philémon qui avait fait le malin au cours d'histoire, vous vous souvenez ? leur rappela « goutte au nez ».

– Ah ouais ! Y en ! Y en !

– Complètement stupide, lâcha Hans, d'une voix dédaigneuse. En tout cas, ce n'est pas le genre de chose qui risque de m'arriver ! Car moi, je respecte les règles, je suis l'exemple de mon père. Ce n'est pas pour rien s'il a été nommé sous-chef de la brigade de dératisation ! Croyez-moi, les gars, il faut prouver qu'on a du cran si on veut travailler au service du Commandeur.

– Oh oui, ton père est très méritant, c'est sûr ! intervint Esther qui s'était approchée, en entendant prononcer le nom de Philémon.

Les trois garçons se turent. Ils savaient de réputation que l'on avait rarement le dernier mot en matière de discussion avec la fille Bretzel. Le grand Hans tenta tout de même une réplique (il lui en coûtait de perdre la face devant ses condisciples) :

– Te mêle pas de ça, Bretzel. Laisse-nous entre hommes, et va rejoindre les autres filles.

– Entre hommes ? Mais je ne vois pas d'homme ici ! Je ne vois que trois fils à papa qui tremblent dans leur pantalon dès qu'on leur parle de la milice.

– Laisse tomber, Esther, dit Édith qui l'avait saisie par le bras. Allez, viens.

– Voilà une fille raisonnable au moins, dit le trouillard. Tu ferais bien d'en prendre de la graine !

Esther s'apprêtait à l'accabler d'une salve d'invectives bien senties, mais Édith ne lui en laissa pas l'occasion.

– Oui, dit-elle très posément, je suis raisonnable. Et nous devrions l'être tous, pour éviter les conflits. On a déjà bien assez de malheurs à supporter, pour encore se créer des ennuis les uns aux autres. On cherche tous un moyen de s'en sortir, mais on est du même côté, les gars, ne l'oubliez pas ! Serrons-nous les coudes, plutôt que de nous disputer. C'est notre seule chance de tenir.

Personne ne trouva rien à y redire.

Plus tard, quand les deux amies se retrouvèrent dans l'aquarium au sous-sol, Esther bouillait toujours de colère.

– Comment fais-tu, Édith, pour garder ton calme devant de pareils imbéciles ?

– Allez, ce n'est pas si grave !

– Pas grave ? Tu trouves ? s'emporta Esther. Mais, tu ne vois pas que ces gars-là sont de futurs partisans du Commandeur, Ed ! Si les jeunes de Boucainvillier finissent par trouver la situation normale, nous sommes perdus ! Nos parents supportent ce régime depuis seize ans, mais ce n'est pas pour autant qu'ils l'acceptent ! Alors, il est de notre devoir de résister aussi. On peut courber l'échine, mais se résoudre, ça non, jamais !

– Bien sûr, tu as raison. Mais je crois juste que nous devons éviter de nous chamailler. Ces querelles ne font qu'attiser la haine et c'est sans doute ce que cherche le Commandeur. Il veut nous diviser pour mieux nous avoir à sa merci.

– Peut-être bien, admit Esther.

Il y eut un moment de silence où chacune était plongée dans ses pensées.

– Tu m'épates, tu sais, Ed !

– ...

– Tu parviens toujours à garder ton calme, tu tempères quand moi je tempête. Franchement, je suis admirative.

– Arrête, Esther, te fous pas de moi.

– Je ne me fous pas de toi, je te le jure !

– Enfin ! Tu... Tu t'entends là ? Tu dis que tu m'admires ? Toi, la fille qui passe ses nuits à venir en aide aux autres ! Tu agis avec courage, tu te révoltes, tu vis à toute allure, et tu viens dire que tu m'admires ?

– Je fais ce que je peux de mon côté, mais je n'ai pas ta sagesse. Je m'emballe pour un rien, je m'énerve dès que quelqu'un ne va pas dans mon sens.

Édith lui sourit :

– Ça oui, je le sais, tu es une fichue entêtée.

Esther lui rendit son sourire.

– Mais tu possèdes un don unique, merveilleux, reprit Édith. Je t'envie pour ça. Moi, je suis... si banale.

– Tu as aussi un don, Ed. Tu sais parler aux autres. Tu sais convaincre en douceur, sans agressivité, et les gens t'écoutent. Tu ne divises pas, comme tu disais tout à l'heure, toi tu rassembles, tu es... une « relieuse ».

– ...

– ...

– Je ne sais pas si tu es sincère, mais merci, ça me touche.

Esther s'était approchée. Elle prit les mains de son amie dans les siennes.

– Je le pense sincèrement, Édith, tu es quelqu'un de bien. Et tu comptes énormément pour moi. Tu es ma meilleure amie du monde, rappelle-toi.

Elles échangèrent un regard.

– Rappelle-toi toujours ça, insista Esther en serrant plus fort ses mains.

Édith trouva que ces dernières paroles sonnaient comme des adieux.

Ses pieds faisaient de doux froufrous dans la neige. Une silhouette mince franchissait le pont de l'Ouvrage. Plus bas, sous l'emprise du froid, le canal semblait s'être figé. Une jeune fille emmitouflée dans sa vieille écharpe s'arrêta devant l'aubette. Elle acheta un billet qu'elle glissa dans sa poche, juste à côté du petit carnet rouge. Puis, sans hésiter, elle monta à bord du funiculaire qui l'entraîna lestement vers son destin.

Deuxième partie

Les Relieurs

Chapitre 17

La peur

(Seize ans plus tôt)

Il fait nuit. Un garçon longe le quai. Il pénètre dans le quartier du Marais en sifflotant, parfaitement inconscient du danger qui le guette. Il n'a pas vu les deux hommes qui le suivent depuis plusieurs minutes, un grand type à la mine patibulaire et un petit gros aux allures de singe. Le jeune homme traverse la rue Frisottis, puis s'engage dans l'impasse des Regrets. À peine a-t-il tourné le coin que les gredins lui tombent dessus. Le gros le tient serré entre ses bras, tandis que l'autre lui fourre la tête dans un sac.

– Tu dis un seul mot et je te casse les dents, lui souffle la face de gorille.

– Vas-y mollo, Hannibal, on nous a dit de le ramener en vie, rappelle-toi. Allez, on file.

Le garçon tremble de la tête aux pieds, mais il n'ose pas appeler à l'aide.

– Attends voir une minute, dit soudain le gros, l'air finaud. Et si c'était pas le bon ?

– Le bon quoi ?

– Ben ouais, des fois qu'on se serait trompés de gamin.

– Arrête de réfléchir, Hannibal, tu vas te donner le mal de tête. J'te dis que c'est lui. Qui d'autre viendrait se balader la nuit dans ce coin pourri, hein ?

– Ouais, mais quand même, faudrait voir à pas se tromper.

– Y a pas de danger. D'ailleurs, regarde, fait le grand en soulevant la toile pour laisser apparaître le visage de l'adolescent. Comment que tu t'appelles, petit ?

– Hugo, répond le gamin terrifié. Je m'appelle Hugo.

– Tu vois, c'est le bon, je te l'avais dit. Le Commandeur sera content de nous.

La peur. Depuis des semaines, c'est le sentiment qui submerge les habitants de Boucainvillier. Chaque nuit, des vols sont commis, des armes et des vivres disparaissent. Une rumeur court qu'une armée entière de brigands serait tapie dans les sous-bois, attendant le moment propice pour envahir la ville. On rapporte qu'ils auraient pour chef un homme au masque de cuir qui se ferait appeler « le Commandeur ».

Toutes ces histoires rendent le prince Alphonse nerveux. Non pas qu'il prête attention aux rumeurs des petites gens, mais il se voit contraint, par ordre de son père, d'effectuer chaque matin une ronde autour du palais, et cette mission l'ennuie au plus haut point. Et puis surtout, il se garde bien de dire qu'il n'ose plus aller en forêt pour chasser, et cet état de fait le rend plus irascible de jour en jour.

Au moment où il s'apprête à faire part de sa lassitude à l'officier qui chevauche à ses côtés, il aperçoit une troupe rassemblée aux portes du palais.

– Qu'est-ce que cela, Michel ?

– Je ne sais pas, mon prince, on dirait un escadron. Regardez, ils sont armés.

– Un escadron, ça ? Je ne vois que des malfrats sales et dépenaillés.

L'officier porte déjà la main à son pistolet.

– Pas si vite, pas si vite. Attendons d'abord de voir ce qu'ils veulent.

– Nous n'allons pas les chasser de là ? s'étonne Michel en voyant le prince mettre pied à terre.

– Observons-les d'abord. Pas de précipitation, nous agirons au moment le plus opportun.

– À vos ordres, répond l'officier, perplexe.

Mais rien ne filtre du drame qui se joue à l'intérieur. Un couteau sous la gorge et les poings liés, le jeune Hugo se tient au milieu de la cour, flanqué d'une escouade d'hommes armés jusqu'aux dents. L'un d'eux a le visage dissimulé sous un masque de cuir.

Le roi leur fait face, la mine grave. Il a ordonné à ses gardes de baisser leurs armes. Théophile, qui se tient près de lui, acquiesce d'un mouvement de tête.

– Il faut sauver l'enfant, dit le conseiller à voix basse. C'est le futur...

– Je sais, répond le souverain sans sourciller. Je m'y emploie.

L'homme au masque de cuir s'avance :

– Enfin ! J'attends ce moment depuis seize ans ! Seize longues années à préparer ma belle vengeance, et m'y voici. Quel jour merveilleux, n'est-ce pas, Rodolphe ?

Le roi fait mine de ne pas avoir relevé l'impertinence.

– Vous venger ? Mais de quoi au juste ?

– Bien sûr, vous aimeriez savoir... Tout comme ce garçon aimerait savoir pourquoi il est ici. Il se doute bien que je ne l'ai pas choisi par hasard.

Le masque de cuir se tourne vers l'adolescent :

– Je t'ai choisi, Hugo, parce que je sais précisément qui tu es. Je connais ta valeur pour les gens de ce pays.

– Écoutez, dit le roi, si j'ai commis une faute envers vous, c'est à moi seul d'en répondre, alors je vous en prie, laissez la vie sauve à ce garçon.

Le Commandeur fait volte-face :

– Une vie contre une vie, c'est le seul marché que j'accepterai.

– Que voulez-vous dire ?

– Vous m'avez très bien compris, Rodolphe, ne faites pas l'innocent.

– Non ! s'exclame Théophile. Non, sire, vous ne pouvez accepter cela !

Mais le souverain baisse la tête, en signe de résignation :

– Soit, prenez ma vie en échange de la sienne, et laissez-le partir.

– Voilà un acte de bravoure qui vous honore, vieil homme. J'aurais préféré prendre la vie de votre fils, mais j'accepte le marché. De toute façon, Alphonse ne perd rien pour attendre.

– Un instant, dit le roi en relevant la tête. Laissez-moi au moins comprendre pourquoi je meurs. Je veux voir le visage de celui qui m'ôtera la vie.

– À votre bon plaisir, dit le Commandeur qui s'approche et soulève son masque.

Le souverain fait un pas en arrière. Il ne peut retenir une grimace de dégoût.

– Vous êtes... un monstre !

– Oui. Grâce à vous.

Marthe roule, roule à toute allure. Sur sa bicyclette, avec Théophile accroché à sa taille, elle dévale les sentiers, sans prendre garde aux pierres et aux fossés. « Par ici ! » a-t-elle crié l'instant d'avant, au milieu du tumulte. Ils ont pu s'échapper par la porte de l'étable. À présent, les yeux tout embrouillés de larmes, ils filent en direction de la ville. Aucun des deux ne parvient à chasser les images terrifiantes des dernières minutes : le roi gisant dans son sang, la cohue qui s'ensuit, les gardes au corps à corps avec les brigands, le jeune Hugo abattu pour avoir tenté de s'échapper, les cris, l'horreur, la fuite.

Quand ils franchissent le pont de l'Ouvrage, ils évitent de justesse de se faire renverser par les chevaux du prince Alphonse et de sa troupe lancés à bride abattue dans les rues de la ville.

– Fermez les portes ! Aux armes ! Aux armes ! Le roi est mort ! Le roi a été assassiné !

Les gens s'affolent, courent dans tous les sens.

Notre vaillant prince a choisi d'avertir son peuple plutôt que d'affronter le Commandeur, songe Théophile. *Je ne suis pas surpris.* Il se tourne vers la brave bonne :

– Merci, Marthe, tu m'as sauvé la vie.

– C'est mon frère qu'il faudra remercier, dit la bonne avec modestie. S'il n'avait pas réparé ce vélo, nous serions morts à l'heure qu'il est.

– Sans doute, oui... Quel cauchemar !

Un voile de terreur passe devant les yeux du conseiller.

– Je dois vous laisser maintenant, monsieur Bretzel. Je veux à tout prix rejoindre la princesse et la prévenir.

– Où est-elle ?

– À la Bibliogare, avec l'officier Philippe.

– Écoute, Marthe, dit Théophile en réfléchissant à toute allure, tu ne vas pas aller là-haut à la citadelle, c'est trop dangereux, et puis j'ai une autre mission à te confier.

Marthe l'interroge du regard.

– Je voudrais que tu te rendes chez moi, pour porter assistance à mon épouse Agathe qui est sur le point d'accoucher. Je ne veux pas qu'elle soit seule en pareille circonstance.

– Et vous, qu'allez-vous faire ?

– Il est de mon devoir de venir en aide à la famille royale en priorité.

En silence, ils soupèsent tous deux la gravité de la situation.

– Considère cette mission comme ta nouvelle attribution, reprend le conseiller. À partir d'aujourd'hui, je te nomme gouvernante de la famille Bretzel, et tu prendras soin de cet enfant qui va naître comme tu l'as fait pour Meredith.

– Dois-je comprendre que je ne reverrai pas la princesse ?

– Je ne sais pas... Je ferai tout ce qui est possible pour qu'elle échappe à ces meurtriers, je te le promets.

Chapitre 18

Le carnet

Quand Édith sortit du salon de coiffure, il pleuvait. À chacun de ses pas, le cuir de ses chaussures s'imbibait un peu plus de l'eau qui ruisselait dans la rue. Mais elle s'en fichait. Au fond, elle n'avait plus d'intérêt pour rien. Trois mois avaient passé depuis la disparition d'Esther. On supposait qu'elle avait été enlevée par la milice. À plusieurs reprises, Édith avait accompagné Agathe Bretzel au poste de garde pour quémander des informations, mais rien : personne ne savait ce qu'elle était devenue. Et Édith n'en pouvait plus de rester sans savoir.

C'est pourquoi elle avait accepté sans hésiter le rendez-vous que lui avait donné Lepire, ce jour-là, après la classe. Il lui avait dit qu'il voulait la voir à propos de son amie et Édith sentait son cœur s'emballer à l'idée que le vieux professeur possédait peut-être une quelconque information à son sujet.

Elle arriva à l'heure précise au lieu de rendez-vous, mais l'orphelinat de Bonne Couverture semblait fermé. Les rideaux étaient tirés, pas une lumière ne filtrait au travers.

La porte s'ouvrit pourtant, et un petit garçon l'invita à entrer.

La pièce était presque totalement plongée dans l'obscurité. Seul un feu qui rougeoyait dans l'âtre apportait un peu de lumière. Il fallut plusieurs secondes pour que ses yeux s'habituent à la pénombre et puissent distinguer les silhouettes qui l'entouraient.

– Merci d'être venue, Édith, dit Lepire. Je me figure que tout ceci doit te paraître bien curieux, mais vois-tu, nous sommes tenus à la plus grande vigilance depuis qu'Esther a disparu, c'est pourquoi nous agissons avec prudence lorsque nous nous retrouvons ici.

– Nous pensons que la milice cherche à démasquer les membres de notre clan, dit un vieillard très maigre qui se tenait devant l'âtre.

– Quel clan ? s'étonna Édith.

– Nous allons t'expliquer tout ça, répondit une dame aux yeux très doux. Mais avant cela, que dirais-tu d'un bon chocolat chaud ?

Elle l'aida à se débarrasser de son manteau dégoulinant de pluie. Édith observa que la vieille dame sentait la violette et cette odeur lui rappela vaguement quelque chose.

Horace déposa sa tasse de thé sur la table basse :

– Tu connais toute l'histoire à présent. Le clan des Bienveillants, les Livreurs, et l'entrée d'Esther dans ce petit groupe secret qui a toujours tenté de conduire le peuple de Boucainvillier vers plus d'humanité.

– Hélas, nous sommes aujourd'hui à deux doigts d'échouer, renchérit Lepire. Esther a disparu et sans les gâteaux d'âme du grand Cuisinier, nous ne sommes plus capables d'écrire suffisamment pour maintenir l'espoir dans le cœur des gens. La morosité est de plus en plus grande, il suffit de sortir dans la rue pour le constater.

Édith songea qu'elle-même ne croyait plus en rien depuis quelque temps. Elle se sentit honteuse de s'être laissée aller à la mélancolie alors que ces trois vieillards continuaient de lutter.

– Vois-tu, Édith, lui dit Hélène, si nous te confions tout ça, c'est que nous avons besoin de ton aide.

– Je suis partante, dit la blondinette qui se sentait revigorée à l'idée de pouvoir enfin agir. Que puis-je faire ?

– As-tu déjà entendu parler d'un petit carnet rouge ?

– Non, dit Édith. Ça ne me dit rien. Ça a un lien avec Esther ?

– C'est dans ce carnet qu'étaient notées les précieuses recettes, et nous sommes convaincus qu'il se trouve quelque part chez Esther.

– Mais pourquoi chez elle ?

– Le grand Cuisinier l'avait confié au docteur Bretzel pour plus de sécurité. Et nous pensons qu'Agathe Bretzel a récupéré les affaires du brave homme après son arrestation.

– Esther semblait savoir où le trouver, dit Lepire, quand nous l'avons vue pour la dernière fois.

– Et vous voudriez donc que je le cherche.

– Exactement, répondit son professeur. Tu es sans aucun doute celle qui connaît le mieux les lieux. Si nous récupérons ces recettes, il nous reste un espoir de pouvoir refaire un jour du gâteau d'âme.

– Pouvons-nous compter sur toi ? demanda Hélène.

– Bien sûr, je suis heureuse de pouvoir vous aider. Mais j'avoue ne pas savoir de quel prétexte user pour me rendre chez les Bretzel, et fouiller partout en pleine journée !

– Qui te parle de faire cela en plein jour ? dit Horace, l'œil pétillant de malice. Tu opéreras de nuit, bien sûr, et pour t'assister dans ta mission, tu pourras compter sur l'aide de nos deux plus habiles Livreuses.

Hortense fit sauter le loquet de la fenêtre avec un canif pour qu'Henriette puisse se glisser entre les deux battants. L'instant d'après, la gamine leur ouvrait la porte d'entrée. Édith n'en revenait pas de voir qu'il leur avait fallu moins d'une minute pour pénétrer chez les Bretzel.

Sans un mot, elle leur indiqua où chercher en priorité, cependant qu'elle montait à l'étage pour fouiller la chambre d'Esther. Les consignes étaient claires : ne pas faire le moindre bruit, remettre chaque chose à sa place, trouver à tout prix le carnet confié au docteur.

Lorsqu'elle eut atteint le palier, Édith tendit l'oreille. La maisonnée était plongée dans le sommeil, pas un bruit n'émanait de la chambre à coucher d'Agathe. La jeune fille trouvait plutôt étrange, voire cocasse, de déambuler ainsi nuitamment dans cette maison où elle était venue tant de fois en pleine journée. Elle fouilla avec minutie la chambre toujours impeccable de son amie, mais sans succès. En quittant la pièce, elle songea avec désarroi que le fameux carnet se trouvait peut-être dans la chambre d'Agathe, auquel cas, il serait impossible de le récupérer. Elle s'apprêtait à redescendre, lorsqu'elle entendit une voix à l'étage en dessous.

– Mais qu'est-ce qui sent comme ça ?

Ce n'était pas le bruit qui avait réveillé la gouvernante, mais l'odeur entêtante des pieds d'Hortense.

– Mon Dieu, mais que fais-tu là, toi ? dit la brave femme quand elle tomba nez à nez avec Henriette.

Pas le moins du monde effarouchée, la gamine suçait son pouce en la fixant d'un œil candide. Hortense vint la rejoindre dans le hall.

– B'soir, m'dame.

Il allait falloir donner quelques explications.

– Je suis furieuse, Édith !

En peignoir et les cheveux défaits, Agathe Bretzel, plus pâle que jamais, tournait en rond dans la cuisine. Assises sur le banc, les trois filles, la tête basse, attendaient que passe sa colère.

– Oui, furieuse, reprit-elle. Non pas parce que vous êtes entrées chez moi par effraction, mais parce que tu m'as caché toute cette histoire.

– Il faut la comprendre, tenta d'apaiser Marthe.

– Non, je ne comprends pas. Tu connaissais le don d'Esther, je t'ai toujours fait confiance à ce sujet, moi, n'est-ce pas, Édith ?

– C'est vrai, reconnut celle-ci.

– Alors pourquoi ne m'avoir rien dit ? Il s'agit de mon enfant tout de même !

– Je vous demande pardon, madame Bretzel. Je n'ai pas voulu trahir les Bienveillants qui comptaient sur ma discrétion.

– Les trahir ? Mais c'est juste le contraire ! Si tu m'en avais parlé, vous auriez trouvé une alliée ! Comment as-tu pu croire que je m'opposerais à quoi que ce soit qui permette de poursuivre ce noble projet ?

Agathe se tut. La tempête était passée. Elle s'assit à côté

de la petite Henriette qui tombait de sommeil et passa la main dans ses cheveux en bataille.

– Je suis de votre côté, dit-elle d'un ton radouci. S'il y a quoi que ce soit que je puisse faire pour vous aider, je le ferai, vous pouvez compter sur moi.

Chapitre 19

Niveau A

Les cheveux rassemblés sous un fichu, la jeune femme d'ouvrage époussetait les statues de marbre qui ornaient le grand hall du troisième étage. Des chevaliers en posture de combat sur leurs chevaux hennissants, des visages grimaçant de haine et de douleur, rien que des scènes de guerre, songea-t-elle.

C'était la première fois qu'Esther montait jusqu'ici. D'habitude, on lui confiait plutôt la tâche de récurer les toilettes qui jouxtaient le dortoir des nouvelles recrues. Deux fois par semaine aussi, elle était affectée avec d'autres au nettoyage du linge des officiers dans l'immense lavoir. Elle appréciait ce moment, car c'était la seule occasion qu'elle avait de pouvoir parler avec les autres filles. Le reste du temps, le silence était de rigueur, partout aux niveaux A et B de la citadelle. Ce qui était bien difficile à respecter. Il n'y avait qu'au lavoir qu'on était autorisé à parler à voix haute et même à chanter pour se donner du cœur à l'ouvrage. C'est là qu'Esther avait appris la majeure partie de ce qu'elle savait sur la vie de la citadelle. Avec toutes ces femmes qui jacassaient, il n'était pas difficile d'échanger quelques propos plus personnels sans être entendu de tous, voire même de confier un secret. Esther s'était liée d'amitié avec une grosse fille joviale qui répondait au nom de Jacinthe. Elle travaillait là depuis cinq ans et connaissait tous les cancans qui couraient sur la vie de ce lieu clos. Comme elle, la plupart des filles qui vivaient là s'étaient présentées de leur plein gré au poste de garde dans l'espoir de trouver un travail. Les temps étaient durs pour les familles dont le père avait été tué à la guerre ou jeté en prison. C'était faire preuve de beaucoup de courage et d'abnégation de s'engager ainsi, car une fois monté là-haut, il était interdit à quiconque d'en redescendre durant les six années qui suivaient. En contrepartie, le régime versait aux familles des jeunes femmes une pension substantielle.

Dès son arrivée, on avait confié à Jacinthe le soin de former Esther aux tâches qui lui incombaient. La brave fille lui avait appris comment faire son travail rapidement et surtout le plus discrètement possible pour éviter de se faire houspiller par les petits gradés qui étaient toujours derrière elles à les surveiller. Elle lui avait montré les endroits qu'il fallait toujours tenir propres pour être bien vue des officiers, ceux qu'il fallait éviter pour ne pas se faire siffler par les miliciens au sang chaud, et aussi quelques coins discrets où l'on pouvait s'asseoir pour s'accorder une pause en toute discrétion.

Sa nouvelle amie prenait toujours la vie du bon côté, même dans les moments les plus pénibles, et c'était un réel réconfort pour Esther d'être en sa compagnie. Notamment les jours où ses pensées dérivaient vers sa mère, son amie Édith et le clan des Livreurs.

À l'autre bout du grand hall, Jacinthe se mit à siffloter.

– Hé ! Jacinthe, arrête ça ! Tu vas nous attirer des ennuis, dit Esther à mi-voix.

– C'est interdit de parler, mais pas de siffler, à ce que je sais. Je ne l'ai jamais entendu dire en tout cas.

Esther pouffa de rire, mais se reprit aussitôt. Un officier venait d'apparaître en haut des escaliers. Il traversa le couloir à grandes enjambées sans même remarquer leur présence. Arrivé au bout, il frappa à la porte des appartements du Commandeur. Il dut patienter un moment avant qu'on ne daigne lui ouvrir. Le Commandeur apparut dans l'encadrement. Ils échangèrent quelques paroles sèches. Esther se tordit le cou pour mieux voir. L'officier avait l'air très agité. Il faisait de grands gestes avec les mains. Elle aurait payé cher pour pouvoir pénétrer dans les appartements du Commandeur. Jacinthe, qui avait eu cette chance, lui avait décrit avec beaucoup d'emphase les lustres de cristal, les pièces richement décorées et surtout les murs tapissés de livres anciens. On disait que tout ce qui avait été récupéré dans la Bibliogare après l'incendie se trouvait enfermé là.

Le Commandeur avait refermé la porte. Il s'apprêtait à suivre l'officier. Esther nota qu'il la verrouillait à double tour à l'aide d'une clé suspendue à la chaîne qu'il portait au cou.

– Fais ton travail, petite curieuse ! lui lança l'officier qui l'avait remarquée.

Esther s'exécuta. Quand il passa à sa hauteur, elle s'appliquait à épousseter un buste avec beaucoup de zèle. Il lui asséna tout de même un coup de matraque dans les jambes qui la fit chanceler. Elle se redressa et reprit sa tâche sans dire un mot.

Les bastonnades étaient fréquentes à la citadelle, autant pour les militaires indisciplinés que pour les femmes d'ouvrage, et bien sûr pour les prisonniers. Pour ces derniers, quelques coups de bâton n'étaient pas grand-chose en comparaison des sévices qu'on leur infligeait parfois.

Esther ne les avait pas souvent croisés depuis qu'elle vivait là. Occasionnellement, on lui avait demandé de descendre aux cachots pour porter du linge propre à l'un d'entre eux qui avait été malade. Mais le plus souvent, elle pouvait juste les apercevoir dans la cour intérieure du niveau D, à l'heure où ils faisaient leur ronde.

Un matin, elle avait eu la grande joie de reconnaître parmi eux Philémon, qui l'avait sauvée quelques mois plus tôt. Il était maigre et pâle, l'œil hagard, mais au moins, il était en vie. Par contre, pas une seule fois elle n'aperçut Mehdi, ni son oncle Théodore. Elle ne savait que penser. Étaient-ils retenus prisonniers à un autre niveau de la citadelle ? Ce n'était pas impossible. Les détenus se comptaient par centaines ici. Ou bien étaient-ils internés à l'hôpital ? Auquel cas, il fallait s'inquiéter pour leur santé, car on ne soignait les prisonniers qu'en toute dernière extrémité. Ou, pire encore, avaient-ils succombé aux épouvantables conditions de leur détention ?

Fréquemment, des prisonniers mouraient de mauvais traitements. De nombreuses corvées leur étaient imposées, de l'aube à la tombée du jour. Mais c'était peut-être mieux que de croupir au fond d'une cellule. De toute façon, on ne leur laissait guère le choix : il en fallait du personnel en tout genre, pour maintenir une garnison entière prête à intervenir. En seize ans d'occupation, le Commandeur n'avait jamais relâché sa vigilance. Il restait sur le pied de guerre et s'attendait chaque jour à devoir mater une rébellion. Il faut dire qu'un grand nombre de ses effectifs premiers, ceux qui avaient renversé le pouvoir et supprimé le roi, étaient partis à la retraite. Il avait fallu engager de nouvelles recrues. Or, ces jeunes gens étaient pour une bonne part issus de familles de la ville ou des alentours, et le Commandeur était bien conscient qu'il courait le risque de les voir un jour s'opposer à lui. Il régissait donc son armée d'une main de fer, avec la cruauté qui lui était coutumière, et ne tolérait aucun écart.

Les détenus se voyaient attribuer des tâches en fonction de ce qu'ils étaient capables de faire : porter des sacs de ciment, tailler des pierres, réparer des murs. Il est vrai que les manuels s'en sortaient souvent mieux que les intellectuels dans cet univers rude. Et Esther s'inquiétait d'autant plus pour son oncle. Pour Mehdi, elle gardait le secret espoir qu'il ait trouvé une place en cuisine, où ses talents seraient vite remarqués. Mais l'occasion ne s'était pas encore présentée de pouvoir s'y rendre avec une raison valable.

– Bon, j'en ai assez de me battre avec la poussière, dit Jacinthe qui s'était rapprochée. C'est toujours elle qui gagne de toute façon. Suffit pour aujourd'hui, je redescends. Tu viens avec moi ?

Esther fit oui de la tête. Comme elle ramassait son chiffon, elle palpa sa poche, pour vérifier que le précieux petit carnet rouge s'y trouvait toujours. Elle faisait ça cent fois par jour, machinalement. Il faut dire que tous ses espoirs, toute sa raison de vivre tenaient dans ces quelques feuillets.

– Laisse ça, face de rat ! C'est mon éplucheur ! T'avais qu'à pas bousiller le tien !

– Viens le chercher, si tu l'oses !

– Ho ! Tout doux les gars ! Fermez-la, ou on va encore être bons pour le fouet.

Les deux hommes qui se chamaillaient avaient été affectés aux cuisines pour une raison obscure car, en vérité, ils n'étaient bons à rien. Ce qui n'était pas le cas du troisième. Mehdi tendit son éplucheur à celui qui se tenait à sa droite et s'empara d'un couteau à la lame émoussée. Le type émit un grognement en guise de merci et se remit au travail. On se gardait bien de ne laisser à disposition des détenus aucun ustensile qui puisse servir d'arme blanche. Jamais de fourchette, uniquement des cuillères, et tout au plus quelques couteaux au bout arrondi.

Comme Esther l'avait espéré, Mehdi était employé aux cuisines, avec une bonne vingtaine d'autres prisonniers. Il n'était pas à proprement parler malheureux et supportait sa condition sans broncher. La journée, il évitait le plus possible de penser à Édith, qu'il aurait aimé serrer dans ses bras et couvrir de baisers. Il espérait qu'elle pensait encore à lui, qu'elle n'avait pas déjà fait une croix sur leur histoire. Pour chasser ses idées noires, il se concentrait sur sa corvée et se disait qu'il n'avait d'autre choix que de tenir s'il voulait la revoir un jour.

Or, il advint cette chose étrange : au fil des semaines, il s'aperçut que l'image qu'il gardait d'elle s'estompait peu à peu. Il avait beau chercher de toutes ses forces, il ne parvenait plus à se remémorer tout à fait les traits de son visage. Il en fut profondément peiné. *Suis-je déjà en train de l'oublier ?* songeait-il certaines nuits où ses pensées le tenaient éveillé. Alors, par la minuscule fenêtre des cuisines, il essaya de trouver parmi les filles qu'il apercevait au lavoir une silhouette qui lui ressemble, pour s'accrocher un peu plus au présent et garder une image vivante de ce qu'elle pourrait être. Assez curieusement, celle qu'il choisit était mince et plus grande qu'Édith.

Bien sûr, à pareille distance, il ne pouvait distinguer ses traits, ni même la couleur de ses cheveux sous son fichu, mais son allure, ses manières n'étaient pas sans lui rappeler celles de la jolie blonde. Il décida qu'elle serait sa petite flamme d'espoir, et rien que le fait de l'apercevoir lui procurait du bonheur.

Un soir très tard, alors qu'elle était déjà endormie, Esther fut sommée de se rendre d'urgence aux quartiers des officiers. L'un d'eux avait été malade en forçant sur la bouteille et il fallait nettoyer sans attendre. Les soirées arrosées étaient fréquentes au niveau A et jamais aucun gradé ne se privait d'user des avantages dont ils bénéficiaient. Il fallait malgré tout rester discret sur ces petits excès que n'aurait pas tolérés le Commandeur. C'est pourquoi toute trace devait être effacée sans délai.

Quand elle pénétra dans la pièce, les odeurs d'alcool et de

fumée de cigares lui montèrent immédiatement à la tête. Elle fit un effort pour chasser la nausée et commença de nettoyer, sans que personne ne lui prête attention. Dans le coin opposé, les officiers étaient rassemblés autour de l'infortuné qui éprouvait des difficultés à recouvrer ses esprits.

– Il n'a pas l'air de s'en remettre, déclara l'un d'eux.

– Il a le teint jaune, comme le vin de paille dont il a abusé ! ironisa un autre, ce qui provoqua l'hilarité de ses camarades.

– Mais que fait le docteur ? s'inquiéta tout de même le premier qui avait parlé. Ah ! Le voici !

– Regardez, docteur, il écume comme un cheval !

Esther s'apprêtait à quitter la pièce, quand le médecin qui prenait le pouls de son patient s'adressa à elle, sans se retourner :

– Ne partez pas, mademoiselle, nous aurons encore besoin de vos services.

Après avoir constaté que l'homme souffrait d'une simple crise de foie, le docteur recommanda à ses camarades de le ramener à sa chambre, et referma la porte avec soin derrière eux dès qu'ils furent partis.

Esther était restée immobile dans un coin de la pièce. Elle se tint sur ses gardes quand il l'invita à s'asseoir, tandis qu'il rangeait son matériel médical. Il n'était pas rare dans cet endroit qu'un homme tente d'abuser de l'une d'entre elles.

Mais il ne fallut pas plus d'un quart de seconde pour que son cœur explose de joie lorsque le docteur se fut enfin tourné vers elle.

– Mon oncle !

Esther se jeta dans ses bras.

– Vous êtes en vie ! dit-elle. J'ai eu si peur...

– Eh oui, comme tu vois, je suis toujours debout, répondit le brave homme en souriant.

– Vite, racontez-moi tout.

– Non, toi d'abord ! Dis-moi par quel malheur tu te trouves ici.

Esther tâta la poche de son tablier. Le petit carnet de son oncle s'y trouvait toujours.

– C'est une longue histoire.

L'oncle Théodore avait été roué de coups après son incarcération. Sans doute pour lui faire regretter de s'être trop souvent affiché comme opposant au régime. Ensuite, on l'avait jeté dans une cellule sans lumière, où il avait fini par perdre toute notion de temps et tout repère sensoriel. Sans doute serait-il devenu fou si on n'était venu le chercher par ordre du Commandeur. Celui-ci avait demandé à le voir. On dut le porter jusqu'à ses appartements. Il n'était plus capable de marcher.

Pour occuper ses nuits d'insomnie, l'homme au masque de cuir examinait les portraits qui figuraient dans les dossiers de chacun des détenus. Il avait reconnu celui qui lui avait sauvé la vie trente-deux ans plus tôt et se sentait redevable. Même si, pour lui, cette scène faisait partie d'une autre vie sur laquelle il avait tiré un trait.

Il ordonna qu'il fût soigné et bien traité, sans bien sûr lui accorder la liberté. Cette histoire ne devrait jamais être révélée. Pour éviter qu'il ne soit tenté de parler, le docteur ne serait mis en contact qu'avec les plus hauts gradés et ne pourrait quitter le niveau A sous aucun prétexte. Ainsi, Théodore Bretzel devint malgré lui, et au prix de sa survie, le médecin personnel du Commandeur et de sa garde rapprochée.

Chapitre 20

L'ultimatum

(Seize ans plus tôt)

Lorsque le duc Hector apprend la nouvelle de l'assassinat du roi, il se trouve à plusieurs centaines de kilomètres de Boucainvillier. Le soir même, il donne l'ordre à ses soldats de lever le camp. Il les fait marcher jour et nuit, sans relâche, le cœur rongé d'inquiétude à l'idée du danger que court son épouse Meredith. Il harcèle ses hommes pour qu'ils pressent le pas, fait fouetter les chevaux.

Quand la troupe arrive enfin aux abords du domaine royal, seize jours plus tard, les hommes sont exténués, les chevaux épuisés, fourbus. Mais tout ça n'est rien à côté du spectacle de désolation qui s'étend sous leurs yeux : les bâtiments dévastés par l'incendie, les cadavres qui jonchent le sol, l'odeur de cendre mêlée à celle de la mort qui empeste l'air.

Alors, quand la horde des brigands surgit du sous-bois, la garde d'Hector n'offre que peu de résistance, sachant le combat perdu d'avance. Ils seront tous tués, sans la moindre pitié, puis dépouillés de leurs uniformes.

Un conseil militaire est improvisé sur l'esplanade de la citadelle. On a dressé une planche sur des tréteaux pour y étaler les plans de la ville.

– Notre armée est en déroute, déclare le général, l'air complètement abattu. Le Commandeur et ses troupes ont décimé les dernières poches de résistance qui tenaient encore le haut de la ville.

– Nous avons condamné les portes du funiculaire, ajoute un major bedonnant. Ils ne pourront pas nous atteindre. Toutefois… dit-il, embarrassé, nous ne pourrons tenir encore longtemps sans approvisionnement en eau et en nourriture.

– Mais il y a aussi le téléphérique ! A-t-on pensé au téléphérique ? demande Alphonse. C'est peut-être un moyen de faire acheminer discrètement des vivres !

– Hélas, ce n'est plus possible, dit le général. On m'a rapporté que la machinerie a été définitivement mise hors d'usage, pour éviter que l'ennemi ne l'utilise.

– Ainsi, plus personne ne peut nous atteindre, ajoute le major, c'est fort bien. Mais cela signifie aussi que nous n'avons pas d'autre moyen de quitter la citadelle !

– Allons, allons, messieurs, reprenez-vous, les exhorte le prince. Vous oubliez que la garde militaire de mon beau-frère n'est sans doute plus qu'à quelques jours de marche d'ici. Quand Hector prendra à revers cette clique de scélérats, il aura tôt fait de nous libérer.

– Sauf votre respect, je ne partage pas votre optimisme, mon prince, intervient l'officier Michel. Combien de soldats accompagnent le duc ? Une cinquantaine tout au plus. Ils ne tiendront pas plus d'une heure au combat contre les hommes du Commandeur !

L'officier a prononcé ces paroles sans le moindre ménagement pour la princesse Meredith qui assiste en silence au conseil. Du coin de l'œil, Théophile observe la jeune femme qui encaisse le coup avec dignité.

– En attendant, nous devrions peut-être réquisitionner des vivres dans le stock de nos soldats, pour le cas où le siège devrait durer encore quelques jours. Réduire quelque peu les rations. Nos hommes sont endurcis, c'est la garde royale tout de même ! Qu'en dites-vous, Théophile ? l'interroge le prince qui cherche un appui.

Pensif, Théophile se gratte le menton :

– Je ne crois pas que cela soit judicieux. Je me souviens d'avoir lu dans le récit des invasions barbares qu'une garnison entière avait été anéantie en quelques heures, parce que les hommes étaient affamés et incapables de résister. Il serait présomptueux de croire…

– Bref, l'interrompt le prince, exaspéré, il ne nous reste donc qu'à nous rendre !

Un cri retentit soudain au poste de garde. Un jeune soldat hors d'haleine se précipite vers les officiers :

– Le duc Hector est de retour ! Il est victorieux ! Il demande à pouvoir monter par le funiculaire.

L'homme au casque doré met pied à terre et attend, entouré de sa garde, de pouvoir monter à bord du funiculaire. Il n'a pas fière allure dans son uniforme taché de sang et déchiré aux coudes. L'écusson royal pend lamentablement sur sa poitrine et son visage est couvert de suie et de sang séché. Qu'importe, la foule l'acclame depuis son entrée dans la ville :

– Vive le duc Hector, notre sauveur !

Au milieu d'eux, un petit garçon s'écrie pourtant :

– C'est pas lui ! Je vois bien que c'est pas lui !

Mais personne ne lui prête attention. Plus loin, une jeune mère, son bébé sur les bras, tente d'apercevoir son mari parmi la troupe des soldats. Elle s'étonne de n'en reconnaître aucun. Elle le dit à sa voisine, qui le dit à son voisin et le doute s'instille peu à peu. Mais, trop tard. Les imposteurs s'engouffrent dans la voiture qui entame aussitôt son ascension.

La suite se résume en un seul mot : coup.

Coup de bluff, coup de génie, coup de sang, coups de fusil, coups d'épée, coups de poing. Coup de grâce.

Les hommes du Commandeur prennent le contrôle du funiculaire qui déverse un flot régulier de brigands aux forces décuplées par l'approche de la victoire. En quelques heures à peine, le Commandeur s'empare de la citadelle.

À l'abri du combat, sous la coupole de verre de la Bibliogare, le prince Alphonse assiste à la défaite du reste de son armée.

Le crépuscule chasse sans scrupule le jour qui décline. Un silence d'épouvante s'est étendu sur la ville. Le calme est insoutenable. On dit que le prince Alphonse et sa sœur sont toujours en vie, qu'ils se sont retranchés dans la Bibliogare. On espère, on prie, on allume des bougies. On scrute la citadelle dans l'attente d'un signe.

Une voix s'élève. Une silhouette se tient au sommet des remparts, et chacun peut entendre ces paroles terribles :

– Gens de Boucainvillier... C'est le Commandeur qui vous parle... Ce soir, se tourne une page de l'Histoire !

La voix est glacée, inhumaine.

– Ce soir, la famille royale n'existe plus... Et le pouvoir m'appartient.

Au loin, dans la campagne, un chien hurle à la mort.

– Toutefois, je veux me montrer magnanime : si la princesse Meredith quitte la ville avant minuit, je promets de lui laisser la vie sauve. Sinon, elle périra dans les flammes, au côté de son frère, Alphonse le couard ! Ceci est mon unique ultimatum. Avant minuit, Meredith !

À Boucainvillier, les cœurs s'arrêtent de battre.

Chapitre 21

La recette

Mehdi faisait tourner vigoureusement la cuillère dans l'énorme marmite pour éviter que le ragoût ne colle au fond. *Il y a si peu de viande là-dedans que je m'en voudrais de la gâcher*, se disait-il. Absorbé par son travail, il ne vit pas la femme d'ouvrage qui venait d'entrer.

– Merci, « mon brave », dit la jeune fille au garçon qui tenait la porte pour la laisser passer avec seau et brosse.

Ce fut cette expression qui attira son attention. Les mêmes mots qu'Édith, la même intonation de voix, et pourtant...

– Eh bien, « Monsieur Delahaut », quelle fougue !

– Oh ! Est-ce... Esther ! Est-ce possible ?

Mehdi restait là, bouche ouverte, médusé.

Esther le prit dans ses bras, sans retenue.

Des exclamations fusèrent aux quatre coins de la cuisine.

– Ouh là ! Le petit veinard ! Y a de l'amour dans l'air ! lançaient les autres, rigolards.

– Taisez-vous, bande d'idiots, leur intima Mehdi, les joues en feu. Vous allez nous attirer des ennuis !

Esther recula de quelques pas.

– Viens, suis-moi, dit-elle. J'ai un million de choses à te dire !

Mehdi jeta la cuillère en bois dans la casserole et lui emboîta le pas.

Au bout du couloir, ils trouvèrent une cache indiquée par Jacinthe, sous un escalier si vétuste que personne ne l'empruntait plus. Ils avaient peu de temps avant que le geôlier ne passe en cuisine pour un tour de vérification. Ils s'assirent, jambe contre jambe, à même le plancher. Mehdi voulut tout savoir : pourquoi était-elle là, depuis combien de temps, comment avait-elle pu obtenir le droit de descendre aux cuisines, comment allait la vie là-bas en ville, et aussi... est-ce qu'Édith l'aimait toujours ? Esther tenta de répondre du mieux qu'elle put, à voix très basse, malgré l'excitation.

Mehdi avait pris les mains de son amie dans les siennes, pour vérifier qu'il ne rêvait pas. Comme c'était bon de sentir la chaleur de ses doigts dans ses paumes à lui. Depuis combien de temps n'avait-il plus touché une autre peau que la sienne ? Il lui fit promettre de venir le rejoindre aussi souvent que possible sous cet escalier. Bien sûr, Esther promit.

– Pourquoi tu souris bêtement comme ça, toi ? T'as vu passer un ange ? lança le geôlier, quelques minutes plus tard, quand il vint contrôler que tout était en ordre dans les cuisines.

– Oui, en effet, répondit Mehdi, j'ai vu passer un ange.

À partir de ce moment, pour leur plus grand bonheur, Esther et Mehdi purent se revoir chaque jour. Il leur fallut user de mille ruses, changer de tactique régulièrement pour que jamais on ne les voie ensemble au niveau C, mais grâce aux conseils judicieux de Jacinthe, ils purent mettre en œuvre le projet d'Esther.

Mehdi dut d'abord obtenir du surveillant chef l'autorisation de changer de service et rejoindre l'équipe des boulangers pour pouvoir se rendre en cuisine la nuit. Il réussit à étouffer sa curiosité à grand renfort de brioches, privilège réservé aux officiers, qu'il subtilisait à l'atelier. C'était à ces heures uniquement que son amie insomniaque pouvait quitter le dortoir des femmes en toute discrétion. Aussi, ce n'était qu'en toute fin de nuit qu'ils pouvaient ensemble entamer leurs expérimentations.

Le petit carnet rouge devint leur livre de chevet, au point qu'ils finirent par en connaître des pans entiers par cœur. L'oncle Théodore, trop heureux d'apporter sa contribution aux opérations secrètes, parvenait toujours à leur procurer les ingrédients qui manquaient en cuisine. Il les réclamait à l'apothicaire de la caserne, prétextant qu'il s'agissait de plantes médicinales indispensables pour soigner les affections douloureuses du capitaine Kaput.

Les premiers essais furent peu concluants. Les suivants aussi, il est vrai : gâteau flasque ou dur comme la brique, gâteau de Savoie élastique aux senteurs de caoutchouc, crème brûlée, crème renversée, crème jetée aux ordures, pâte brisée et assiette également. À chaque fois l'excitation était à son comble, mais retombait hélas comme un soufflé au fromage. Échec cuisant.

Jamais pourtant la brave Esther ne rechigna à avaler les compositions culinaires expérimentales de l'apprenti génie. Il lui en coûta de nombreux allers-retours aux toilettes, quelques vilaines réactions cutanées, des démangeaisons gênantes, des bégaiements subits, des aphtes, des crampes et des ballonnements, mais jamais elle ne douta que son ami deviendrait un jour le nouveau grand Cuisinier.

Et ce fut cette confiance sans borne qui sauva Mehdi du découragement. Au bout de trois mois d'efforts infructueux et près d'une centaine de recettes ratées, Esther ressentit enfin une nuit les fameux picotements dans le poignet, signe que l'inspiration venait.

– Ab-fo-lu-ment délifieux ! dit Esther la bouche pleine.

Elle déglutit avec délectation, puis reprit :

– Je crois que tu détiens la recette parfaite, Mehdi !

Depuis plusieurs jours, il n'en avait plus raté aucune. Le jeune homme sourit, fier de son exploit, puis il se rembrunit :

– Quel dommage que je ne puisse y goûter ! C'est trop cruel !

– Et pourquoi n'essaies-tu pas ? Juste une fois, un tout petit morceau ?

– Hors de question ! Je ne peux pas prendre le risque de rester endormi à l'heure de l'appel. Imagine qu'ils se mettent à me secouer comme un prunier et que je ne m'éveille pas !

Esther faillit s'étrangler de rire en imaginant la situation.

– Et toi, reprit Mehdi, tu tiens le coup ?

– Tu sais bien que moi, pour ce qui est du sommeil...

– Non, je veux dire dans ton travail d'écriture, tu progresses bien ? On pourra lire bientôt ?

– Je ne sais pas... Enfin, oui, bien sûr, tu pourras lire, mais peut-être pas bientôt. C'est spécial cette fois... Ce n'est pas un récit, c'est plus long que ça. Disons que c'est plutôt... Je vais te le dire, Mehdi, parce que je sais que tu ne te moqueras pas de moi : je crois que cette fois, ce sera... un chef-d'œuvre.

Mehdi la dévisagea, intrigué. Il n'était pas dans les habitudes d'Esther de se vanter.

– Tu vois, poursuivit-elle, c'est un peu comme ton gâteau, si tu veux... Oh ! C'est difficile à expliquer ! C'est plus vivant, plus lumineux, c'est... Tu vois, ça me dépasse, j'ai l'impression que ce livre s'écrit tout seul.

Mehdi ne pouvait s'empêcher de la trouver terriblement séduisante quand elle parlait ainsi, les yeux brillants d'émotion.

– Et tu le destines à qui, ton bouquin, cette fois ? Tu as une idée ?

Esther ne répondit pas.

– Ça y est, je sens déjà les picotements, dit-elle. Il faut que je m'en aille, j'ai de l'ouvrage.

– Alors va-t'en, et fais-nous le plus beau des ouvrages, belle femme d'ouvrage, lâcha Mehdi.

Il se surprit de son audace. Par chance, Esther était déjà partie.

Ceux qui fréquentaient le niveau A étaient accoutumés à voir le Commandeur sans son masque de cuir. Mais il avait fallu plusieurs semaines à Esther pour oser regarder son visage sans détourner les yeux. Les cicatrices qui le défiguraient étaient si atroces que certains évitaient de se tenir sur son passage pour ne pas devoir assister au spectacle hideux de ses chairs suppliciées. Esther pensait que le temps finissait toujours par estomper la laideur, mais avec cet homme, ce n'était pas pareil. On eût dit qu'il prenait plaisir à lire la terreur sur les visages d'autrui. Comme s'il y cherchait au fond le reflet de sa propre peur, de sa honte et de sa douleur.

Pourtant, lorsqu'elle fut habituée, il lui sembla que quelque chose de fragile brillait derrière ses paupières meurtries, une lueur d'humanité qu'elle ne s'était pas attendue à y voir.

Le Commandeur n'était pas autre chose qu'un homme, rien qu'un homme. Esther se disait que si elle osait affronter son regard, elle devait être capable aussi de pénétrer son cœur. Elle mit toutes ses forces dans cette entreprise, tout le poids des mots pour dire les sentiments, l'énergie de ses nuits de veille, la patience, la passion, et la ferveur d'un espoir infini. Avec son cahier, son chef-d'œuvre, elle pensait pouvoir le contraindre à la douceur, lui rendre l'âme belle et le sortir de ses ténèbres intérieures.

Chapitre 22

La relieuse

Le printemps était de retour. Après de longues semaines de pluie, les gens de Boucainvillier se sentaient tout ragaillardis rien qu'à regarder le ciel bleu. Dans le parc, Édith croisa plusieurs passants qui la saluèrent, sans raison particulière, juste parce que leur humeur s'accordait aux chants des oiseaux et que l'air sentait bon l'herbe fraîchement coupée. Elle leur rendit leurs saluts en les gratifiant de son joli sourire.

Il y avait comme un souffle nouveau, qui emportait au loin la grisaille et laissait présager des heures meilleures. Comme si toute l'eau tombée du ciel avait délavé les chagrins, nettoyé les cœurs et remis le baromètre de l'espoir au beau fixe.

Le nez en l'air, Édith cherchait dans les nuages un signe, un message codé qui lui aurait donné des nouvelles de ses amis emprisonnés ou disparus. Elle ne voulait pas cesser de croire qu'elle les reverrait un jour. Mais le nuage blanc qu'elle aperçut ensuite, lui apportait un message bien plus concret.

– Salut, fit le garçon. Tu te souviens de moi ?

Comment aurait-elle pu oublier pareille chevelure !

– Oui, bonjour, Zolhtan.

– Content de te voir.

Édith le jaugea du regard :

– Tu ne vas pas me chasser cette fois ? Comme l'autre nuit dans la ville basse.

– Tu sais, c'était pour vous éviter des ennuis ! se défendit-il.

– Je sais, je te taquinais.

Elle lui décocha son sourire en coin et Zolhtan se détendit un peu. Elle nota qu'il avait perdu un peu de cette belle assurance qui le rendait si séduisant aux yeux d'Esther.

– Tu prends l'air au parc, toi aussi ?

– Non, dit-il, je suis venu rendre visite à ma tante Marthe.

– Marthe, la gouvernante des Bretzel ?

– Oui. Esther ne te l'a jamais dit ?

– Je ne crois pas qu'elle le savait, s'étonna Édith.

– Tiens, c'est curieux, dit Zolhtan, circonspect. On fait quelques pas ensemble ? Je voudrais te parler de quelque chose... d'important.

Édith lui emboîta le pas. Ils gagnèrent la rue Massicot.

– Je t'écoute, dit-elle, comme le garçon tardait à se lancer.

– Eh bien… J'ai des nouvelles d'Esther, dit-il assez bas.

– Quoi ? s'exclama Édith, les yeux écarquillés.

– Chut ! Pas si fort, lui intima Zolhtan. Oui, j'ai des nouvelles de ton amie. Et aussi du boulanger.

Édith trébucha sur le pavé, et son cœur pareillement dans sa poitrine. Zolhtan la rattrapa de justesse, avant qu'elle ne s'écrase le nez au sol.

– Rassure-toi, ils sont en vie tous les deux. Et ils se portent bien. Enfin, aussi bien qu'on puisse se porter en prison.

– Esther est en prison, elle aussi ?

– Non, apparemment elle est entrée là de son plein gré.

– Je ne comprends pas… Pourquoi a-t-elle fait ça ?

– J'en sais rien.

Édith semblait plongée dans un abîme de perplexité.

– Et comment sais-tu tout ça, toi ?

– J'ai des connaissances, là-haut.

– Ne me dis pas que tu as des amis dans la milice !

Zolhtan parut embarrassé :

– En fait, si.

Elle le dévisagea. Zolhtan baissa les yeux.

– Et c'est pas tout. C'est surtout ça que je voulais te dire. J'ai fait… Enfin… C'est moi qui suis responsable de l'arrestation du boulanger, lâcha-t-il d'une traite.

Il y eut un silence. Dans lequel Zolhtan s'attendit mille fois à ce que se déchaîne la colère ou les larmes d'Édith, mais rien ne vint.

– Pourquoi ? dit-elle simplement.

– Pour l'argent.

Zolhtan sentit soudain qu'il avait besoin d'en dire plus, de laisser s'écouler pour une fois, la première fois de sa vie sans doute, ce trop-plein de douleur qui l'asphyxiait depuis l'enfance.

– Pour l'argent, reprit-il, pour nourrir ma mère. Et pour venger mon père.

Ils s'assirent sur la margelle du pont des Souvenirs, et le flot de paroles se déversa sans que plus rien ne puisse le retenir. Zolhtan parla, parla à en perdre le souffle. Quand il se tut, Édith le fixait toujours, attentive, le regard empli de compassion.

– Ton père était un homme d'honneur, mais les gens d'ici ne l'ont pas compris, dit Édith.

– Très juste, appuya Zolhtan, soulagé de trouver en elle un appui.

« Tu es une "relieuse", Édith... » Les paroles d'Esther lui revinrent en mémoire.

– Et tu as en toi les mêmes qualités que lui.

– Ça, non hélas, je ne le crois pas, se rembrunit-il.

– Si, dit Édith, moi j'en suis convaincue. Mais ce qui te manque, ce qui nous manque à tous, c'est l'espoir. La conviction que tout peut changer. Tu peux prouver ta valeur et montrer à tous que dans ta famille, on a du cœur !

– Pourquoi dis-tu ça ? Tu as une idée en tête ?

– En effet, dit Édith d'un air mystérieux. Voilà ce que tu vas faire...

Elle l'emmena chez les Livreurs. Elle prit le risque de lui faire confiance. Totalement. Zolhtan fut accueilli au sein du clan sans aucune question, sans le moindre reproche. Il en fut si profondément touché qu'il mit toute son énergie, toutes ses forces pour donner vie au projet d'Édith.

Il s'agissait de rassembler les gens, de les relier entre eux par ce qu'ils avaient de plus sensible et de raviver dans les cœurs cette flamme d'espoir trop longtemps éteinte.

Les premières assemblées eurent lieu au Cabaret Écarlate. Zolhtan avait des contacts partout, en ville et dans la campagne, dans des milieux interlopes quelquefois, mais un véritable réseau d'hommes et de femmes tous prêts à se rallier à une cause plus juste. Il y avait même parmi eux quelques miliciens et un ancien officier à la retraite.

Lors de ces réunions, on parlait fort, sans retenue et sans crainte, les langues se déliaient. On riait, on évoquait le passé, avant l'occupation, on se disait qu'il fallait agir, que l'oppression avait assez duré. Édith apportait des livres, les siens, ceux d'Esther, qu'Agathe lui avait confiés, et faisait la lecture à voix haute pour tous.

Très vite, le nombre toujours plus important de participants imposa de changer de repaire et les galeries souterraines, si longtemps restées secrètes, furent investies comme lieu de rassemblement. Le mot de passe pour y pénétrer était « Longue vie aux Relieurs » – c'est ainsi qu'ils avaient choisi de nommer leur groupe.

Là-bas, on s'échangeait des livres, ceux qu'on avait reçus des Livreurs et d'autres conservés en secret, bien que cela fût interdit. On constitua une nouvelle bibliothèque, hélas bien maigre au regard du nombre sans cesse croissant de clandestins. Les Bienveillants, portés par l'enthousiasme général, parvinrent à produire encore quelques récits, mais le manque d'inspiration se faisait ressentir plus cruellement que jamais.

Alors, Agathe proposa cette périlleuse alternative : on allait multiplier les livres pour que jamais plus ils ne viennent à manquer.

Ainsi, tandis que *Le Petit Jour* continuait d'être imprimé la nuit, des milliers de volumes sortaient de presse et étaient soigneusement stockés en secret, dans l'attente du grand jour.

Chapitre 23

L'audace

Après l'incendie de la Bibliogare, la foire du printemps n'avait plus jamais été organisée. L'immense réserve de livres avait disparu, le téléphérique était hors d'usage et les jeunes des alentours évitaient de se rendre en ville, de peur d'être enrôlés de force dans l'armée du Commandeur. Tout au plus organisait-on un repas discret, en famille ou entre amis, où l'on mangeait les légumes de la nouvelle récolte, avant qu'ils ne soient réquisitionnés par le rationnement.

Mais la ferveur qui s'était emparée des Relieurs ces dernières semaines avait fini par chasser toute crainte. Ce fut ce jour qui fut choisi à l'unanimité pour être le grand jour. Le jour de l'audace.

Bien avant l'aube, l'imprimerie d'Agathe Bretzel bourdonnait comme une ruche. On remonta de la cave des caisses par centaines que l'on répartit entre tous les Relieurs. Puis, les partisans se postèrent à chaque coin de rue, une pile de livres à la main, et la distribution commença.

La nouvelle fit l'effet d'une bombe : les gens sortaient de chez eux en peignoir et pantoufles pour voir si ce qu'on disait était vrai. Les enfants n'en croyaient pas leurs yeux. Partout, devant les écoles, les commerces et les églises, le long du quai et dans le parc, les passants se pressaient pour recevoir leur volume. Partout, ce n'était que scènes de liesse. Certains pleuraient, s'embrassaient. D'autres apportèrent des fleurs pour remercier les Relieurs.

Bientôt, tout le peuple de Boucainvillier fut dans la rue et la foule s'amassa au pied de la citadelle. Les gens, jeunes et vieux, enhardis par ce matin de printemps aux couleurs de l'espoir, s'affichaient effrontément au nez et à la barbe de la milice avec un livre à la main. Ils étaient si nombreux, le regard si déterminé qu'aucun garde n'osa broncher.

On vit même un enfant offrir un livre à un officier qui, les bras croisés, regardait la foule d'un air hautain.

– Bonjour, brigadier, dit la petite fille. Vous vous souvenez de moi ? Je suis Beth. La petite Beth de la rue du parc. Tenez, dit-elle en lui tendant un livre, celui-ci est pour vous.

Ne sachant qu'en faire, l'officier le glissa dans sa poche. Ses soldats, trop heureux de voir la réaction de leur chef, accueillirent avec le sourire le cadeau qu'on leur faisait. Ils furent applaudis.

Mais la bonhomie ambiante fut de courte durée. La tension se fit jour quand une escouade de gardes tenta de repousser la foule qui s'était approchée trop près du funiculaire. Une bagarre éclata entre miliciens et jeunes gens de la ville. Zolhtan, qui était parmi eux, tenta d'apaiser le conflit.

– Du calme, les gars, du calme. On n'est pas là pour se battre !

Il fut repoussé à l'arrière, cependant que des coups s'échangeaient. Il rejoignit Édith, qui était montée sur un banc pour assister à la scène.

– Ça va mal tourner ! dit-il. Il faut faire quelque chose.

– C'est sûr ! Mais quoi ? répondit Édith, désemparée.

Une grosse femme, le poing levé, se mit à crier :

– Bande de salauds, ce sont vos frères que vous détenez prisonniers là-haut !

– C'est vrai ! Elle a raison !

Les injures commencèrent à pleuvoir et la foule se pressa de plus belle pour repousser la milice. Sous les huées et les jets de pierres, les gardes finirent par se réfugier à l'intérieur du funiculaire. Puis, la voiture d'acier entama son ascension, bloquant ainsi tout accès à la citadelle.

Le peuple se tint là, toute la journée durant, sans cesser de scander des slogans au nom de la liberté, dans l'espoir que le Commandeur céderait à la pression populaire. Mais aucune réponse ne vint d'en haut.

– Rentrez chez vous, c'est plus prudent, disaient Zolhtan et Édith aux parents qui étaient toujours là avec de petits enfants.

– Mais on veut participer ! dit une jeune mère. Et puis je suis heureuse que mon fils assiste à ce jour historique !

Zolhtan entraîna Édith à l'écart.

– Et maintenant, qu'est-ce qu'on fait ? dit-il. Il faut agir vite. Le silence du Commandeur ne laisse rien présager de bon.

– Je sais. Tu as raison. Ce qu'il faudrait, dit Édith en se grattant la tête, c'est parvenir à monter là-haut.

– Monter ? Mais pour quoi faire ? On se ferait tirer comme des lapins !

– Pas si nous parvenions à libérer l'accès au funiculaire. Si on débarquait par centaines, ils seraient dépassés par le nombre !

– L'idée est bonne, admit Zolhtan. Mais comment arriver jusqu'aux commandes ?

– C'est là que ça coince.

Édith poussa un énorme soupir et s'assit sur un talus. Elle commençait à sentir le poids du découragement.

– Attends un peu, dit Zolhtan. Je connais un moyen !

Édith le regarda, interdite.

– Mais oui, la nacelle ! La nacelle de mon père ! s'écria-t-il.

Édith avait voulu saluer ses parents avant d'entreprendre ce pari risqué. Au fond d'elle, elle sentait que tout allait se jouer là-haut. Il était hors de question bien sûr de donner tous les détails de son entreprise, mais elle voulait les avertir et, d'une certaine manière, obtenir leur assentiment. Au salon de coiffure, son père n'avait pas eu un seul client ce jour-là.

– Tu vois, avec tes idées de révolution, tu me fais perdre ma clientèle ! dit-il.

Puis, pour bien lui faire comprendre qu'il plaisantait, il la serra dans ses bras :

– Je suis fier de toi, ma grande !

À l'arrière de la maison, sa mère achevait de préparer le dîner.

– Pourquoi n'êtes-vous pas venus, tous les deux ? C'était extraordinaire ! dit Édith, sur un ton qui n'était pas celui du reproche, mais plutôt de la curiosité.

– J'ai peur de la foule, tu sais bien, dit sa mère.

– Mais nous avons reçu des livres, nous aussi ! dit Eustache. Regarde !

Le petit homme chercha du regard l'endroit où il les avait laissés.

– Tiens, je pensais les avoir mis sur ma chaise, reprit-il.

– Je les ai rangés sur ton bureau, dit Héloïse.

Eustache monta les escaliers. On l'entendit fourrager à l'étage.

– Où les as-tu mis, chérie ? Je ne les trouve pas !

– Sur le secrétaire, à côté des journaux.

Héloïse jeta un coup d'œil dans la cage d'escalier, puis elle attrapa Édith par le bras.

– N'y va pas, mon ange, supplia-t-elle, ne monte pas à la citadelle.

Édith, surprise, ne sut que répondre.

– Ce Commandeur est un monstre, il... Il n'a de pitié pour personne !

– Je me suis engagée, maman. Je ne peux pas abandonner tous ces gens à qui j'ai voulu donner de l'espoir ! Il faut que j'aille jusqu'au bout.

Héloïse baissa les yeux, à court d'arguments. Elle sentait qu'elle ne parviendrait pas à dissuader sa fille.

– Et comment vas-tu monter là-haut ?

– Zolhtan m'a parlé d'une nacelle, dit Édith, embarrassée de ne pas elle-même en savoir davantage.

– La nacelle, oui... dit Héloïse, les yeux dans le vague.

– Tu connais ?

Elle ne répondit pas et, d'un geste vif, s'empara de quelque chose sur l'armoire.

– Tiens, prends ça, dit-elle.

Elle lui glissa délicatement dans les cheveux le peigne d'ivoire offert par Natacha.

– Il te sera peut-être utile.

Édith resta interloquée.

– Eustache ? appela-t-elle. Ils sont ici, les livres que tu cherches. Pardon, je pensais les avoir montés, mais ils sont ici sur le vaisselier.

Chapitre 24

Le brasier

(Seize ans plus tôt)

Alphonse fait les cent pas. Il fouette l'air avec sa cravache.

– Ah ! Si je tenais ce scélérat ! Je lui ferais manger son masque de cuir !

– Calmez-vous, prince, dit doucement Théophile. S'énerver ne sert à rien. Cherchons plutôt une solution, pour tenter de nous en sortir.

– Nous en sortir ? Mais comment ? ricane Alphonse. Nous sommes perdus.

– C'est vrai, renchérit l'officier Michel. Nous sommes quatre. Que pouvons-nous faire contre une armée ?

– Nous sommes faits comme des rats ! Oui, c'est ça, comme des rats ! Et nous allons tous mourir ici.

Alphonse lève les yeux au ciel. Ses bras s'agitent en tous sens, tandis que son esprit hésite entre panique et abattement.

– Non, nous n'allons pas tous mourir, dit Théophile. Meredith peut encore avoir la vie sauve.

Il tourne la tête vers la princesse restée à l'écart :

– Je vous en conjure, princesse, acceptez le marché du Commandeur. Quittez cet endroit avant qu'il ne soit trop tard !

– Non, Théophile, je ne peux pas.

D'un pas lent, Meredith les rejoint au centre de la coupole.

Tout en elle respire le calme et la résignation :

– Accepter de sortir reviendrait à dire que j'abandonne mon peuple, que je fuis lâchement pour épargner ma seule vie. Comment vivre après cela, et supporter le poids d'une telle culpabilité ? Non, je préfère encore mourir pour que les gens se souviennent que la famille royale ne les a jamais abandonnés.

– Et si tu allais lui parler, à ce Commandeur ? suggère Alphonse. Tu pourrais peut-être négocier une sortie pour nous quatre ? Ou au moins... pour une personne de plus ?

Meredith se contente de tourner la tête.

– Alors, tout est perdu ! déclare le prince. Je regrette, ma sœur, que ton entêtement soit responsable de notre mort à tous les quatre.

La princesse lui adresse un regard chargé de mépris.

– Tu ne comprends pas ? dit-elle. Tu ne vois pas que ça n'est qu'une ruse, cette fois encore ? À peine aurai-je ouvert la porte pour sortir qu'ils s'élanceront dans la Bibliogare pour nous tuer tous les quatre !

– C'est possible, en effet, admet Théophile. Nous supprimer de cette manière serait plus habile. J'ai peine à croire qu'ils veuillent réellement mettre le feu à ces milliers d'ouvrages. Remarquez d'ailleurs qu'ils auraient déjà pu entrer s'ils l'avaient voulu. Il leur suffirait pour cela de briser la coupole. Mais alors, cela causerait des dégâts irréparables dans la Bibliogare ! C'est peut-être un bon signe, qu'ils ne l'aient pas fait.

– Allons donc ! Vous, les intellectuels, vous n'êtes que des doux rêveurs, dit l'officier Michel. Si vous croyez qu'ils vont se gêner !

– Seigneur Dieu ! s'écrie soudain Alphonse.

Sur le rempart en face, une flamme déchire l'obscurité.

– Du calme, dit posément Meredith. C'est juste une torche qu'on allume. Il n'est pas encore minuit.

Les hommes sont rassemblés autour du brasero. Ils ont abandonné armes et uniformes et se régalent de quartiers de viande juteux qu'ils découpent à même la carcasse de la bête embrochée.

– Commandeur ! Vous en voulez ? dit l'un d'eux.

– Restez à proximité de vos armes, se contente de répondre l'homme au masque de cuir.

– Soyez tranquille, chef, la victoire est à nous !

Le Commandeur s'éloigne.

– Ce n'est pas une victoire, dit-il pour lui-même. Juste une page qui se tourne. Et les suivantes resteront blanches...

Il parcoure l'esplanade, enjambe les corps. Il espère à tout moment voir s'ouvrir les portes de la Bibliogare.

Que fait-elle ? s'impatiente-t-il.

En bas, les cloches de la chapelle se mettent à sonner.

Un coup.

Alphonse enrage, il pleurniche, se lamente :

– Fais quelque chose, Meredith ! Je t'en supplie, réagis !

Il se précipite vers la baie vitrée :

– Regarde ! Regarde ! Ils ravivent le brasier ! Nous allons tous mourir !

Deux.

– Non, dit Théophile. Il reste une possibilité.

Les trois autres le regardent, interloqués.

Trois.

– Il existe une nacelle de secours, dit-il, qui peut être suspendue au câble du téléphérique. Ralph l'avait conçue pour que, en cas de panne, on puisse intervenir sur un wagon resté bloqué.

– Fantastique ! s'écrie Alphonse.

– Vous devez l'utiliser, Meredith ! l'implore Théophile. Sauvez votre vie, tant qu'il en est encore temps.

– Mais, bougre d'âne ! s'égosille le prince. Pourquoi Meredith ? Filons tous les quatre !

Quatre.

– C'est impossible, dit Théophile. Il n'y a qu'une seule place à bord de la nacelle.

Les quatre condamnés se jaugent du regard.

Cinq.

– Alors, elle sera pour moi ! rugit Alphonse.

Il s'élance en direction du quai.

– Non ! crie Théophile qui se jette sur lui.

Six.

Le conseiller s'agrippe à la jambe du prince qui se débat comme un forcené.

Sept.

La cravache siffle et claque au visage de Théophile qui hurle de douleur et finit par lâcher prise.

Huit.

Michel s'élance à son tour. Il heurte une étagère, fait valser les livres à travers la pièce et s'étale de tout son long.

Neuf.

Le prince est sur le quai. Il cherche la nacelle. Il l'aperçoit à l'autre bout. Un petit siège suspendu, avec un pédalier de vélo.

Dix.

Il y est presque. Il l'atteint, à bout de souffle. Ça y est, il la touche du bout des doigts.

Onze.

Une ombre surgit à sa droite. Il n'a pas le temps de prévenir le choc. Michel le percute avec une telle violence qu'il entend les os se rompre dans sa nuque. Il bascule par-dessus la rambarde et disparaît.

Douze.

Une pluie de projectiles enflammés s'abat sur la coupole. De toute part, des vitres se brisent dans un vacarme indescriptible. Une colonne tombe. Toute la structure d'acier gémit et menace de s'effondrer. Le feu entame son festin.

Meredith s'est assise. Elle a posé la tête de Théophile sur ses genoux. Elle éponge le sang qui couvre son visage.

– Tout est fini, dit-il. Quelle folie, n'est-ce pas ?

La jeune femme ne dit rien, elle pleure en silence.

– J'aurais voulu voir mon enfant, dit-il dans un souffle.

Puis, il tourne la tête pour chercher le regard de la princesse :

– Vous auriez été une bonne reine, Meredith. Oui, une bonne reine.

Une main la saisit au poignet, une autre par la taille. Meredith suffoque, tellement son ventre est comprimé. L'homme l'entraîne sur le quai. Il la pousse sans ménagement sur la nacelle.

– Allez-y maintenant ! Allez-y ! hurle Michel.

Il la bouscule pour la forcer à engager sa course.

Et la nacelle entame lentement sa traversée.

La nuit est rouge. Le ciel, un immense brasier. Partout dans les rues, on entend les lamentations de ceux qui ont perdu un être cher. Le roi n'est plus. Toute sa famille a été décimée. Le peuple de Boucainvillier, rassemblé dans le parc, ne peut quitter des yeux le spectacle inouï de la Bibliogare en feu. En haut, sur l'esplanade de la citadelle, au milieu des fumées de l'enfer, un seigneur de guerre laisse couler sur ses cicatrices des larmes amères.

Chapitre 25

La clé

Indifférents à la révolte qui grondait en bas, les officiers du niveau A profitaient de la foire du printemps pour s'adonner à leur plaisir favori : festoyer.

– Henri ! Hé, Henri ! Passe-moi donc la bouteille qui est devant toi, veux-tu ! Non, pas l'eau, imbécile ! Le rouge ! dit l'officier au teint aviné.

– Voilà, voilà, répondit l'autre. Va donc lui porter ça, toi, ma jolie.

Il assortit son discours d'une tape sur les fesses de la jeune femme qui débarrassait les reliefs du repas. Jacinthe lui lança un regard furibond, puis elle s'empara de la bouteille et s'éloigna en serrant les dents.

S'il te plaît, garde ton calme, Jacinthe, se dit Esther qui avait tout vu de la scène. *Ce gros lard ne perd rien pour attendre, tu verras.*

En bout de table, l'homme au masque de cuir se mêlait pour une fois à l'hilarité générale.

– Je lève mon verre à ce seizième printemps de règne, dit-il.

Tous les officiers se mirent debout, du moins ceux qui le purent, et l'on trinqua en vidant son verre d'une traite. Au moment où Esther retournait en cuisine avec la vaisselle sale, des exclamations accueillirent les plateaux chargés de desserts. Le maître pâtissier n'avait pas ménagé ses efforts. Ou plutôt, le suppléant du maître pâtissier, car celui-ci avait été pris d'une colite soudaine qui l'avait empêché de participer aux préparatifs. Il avait fallu le remplacer d'urgence. Un certain Mehdi s'était proposé pour prendre son poste.

C'était la première fois qu'il accédait aux cuisines du niveau A. Il fut enchanté de découvrir le matériel mis à sa disposition. Les autres cuisiniers étaient renvoyés au fur et à mesure aux étages inférieurs une fois leurs tâches accomplies, et Mehdi eut tout le loisir de préparer sa recette favorite sans être dérangé.

– Je m'accorde une petite pause, dit Jacinthe en s'étirant.

Elle lança un clin d'œil à son amie et sortit. Esther en profita pour rejoindre Mehdi dans l'atelier.

Tout se déroulait comme ils l'avaient espéré : les officiers ne tardèrent pas à s'endormir, les uns après les autres, et ce fut une tablée entière d'hommes ivres et repus qui se mit à ronfler. Le merveilleux gâteau d'âme agissait comme prévu.

Malgré tout, Esther attendit de longues minutes avant d'oser s'approcher du Commandeur. Son buste reposait sur la table, le visage tourné de côté. Son souffle bruyant soulevait par intermittence le bas de son masque, laissant entrevoir les boursouflures dans sa chair.

Elle se pencha sur lui avec appréhension. La chaîne qu'il avait autour du cou disparaissait par endroits, dans l'épaisseur de sa nuque et dans les plis de sa chemise. Par bonheur, la clé convoitée pendait, bien visible, à la hauteur de sa poitrine. Esther priait de tout son cœur pour qu'il ne s'éveille pas. Elle défit le maillon, fit glisser la clé dans sa main et la fourra dans sa poche.

– Et si jamais il ne prenait pas la peine de le lire ? s'inquiéta Mehdi.

– Il le lira, c'est sûr, fit Esther. Suffit de voir la quantité de livres qui garnissent ses murs pour savoir qu'il aime ça !

– Oui mais justement, s'il ne le trouve pas ?

– On ne va pas lui en laisser l'occasion : je déposerai mon cahier bien en évidence sur sa table de nuit.

Ils s'arrêtèrent devant la porte imposante.

– Il va certainement se demander comment ce bouquin est arrivé là !

Esther s'affairait avec la clé.

– Tant mieux ! dit-elle. Ça attisera d'autant plus sa curiosité !

– Oui, mais s'il ne le lisait pas tout de suite ?

– Grrr ! Mehdi, tu m'agaces ! Aide-moi au lieu de tenter de me saper le moral !

– Oui, pardon, fit le garçon, penaud.

Ils déverrouillèrent la porte et pénétrèrent dans la première pièce.

– On allume ?

– Surtout pas !

À tâtons dans le noir, ils se dirigèrent vers la chambre, en se récitant à voix haute les instructions que leur avait données l'oncle Théodore : « Traverser le salon, contourner la table basse – attention à l'ours empaillé près de la cheminée –, passer la deuxième porte, tourner à droite. Méfiez-vous, il y a une marche… »

– Aïe ! Trop tard, dit Mehdi en se relevant.

Quand ils trouvèrent la chambre, leurs yeux s'étaient habitués à la pénombre. Ils s'étonnèrent de voir que la pièce était presque vide. Un lit d'une personne poussé contre le mur, une table de chevet et une penderie constituaient l'ensemble du mobilier. Pas de miroir. *Évidemment*, songea Esther. Elle déposa son cahier sur la table de nuit.

– Et maintenant, dit Mehdi, on fait quoi ?

– On file remettre cette clé à sa place, et on redescend au niveau C, ni vu ni connu. « Mon brave Mehdi », je crois que nous pouvons être…

– Fiers de vous ? dit une voix dans leur dos.

Deux pistolets braqués sur leur poitrine. Aucun des deux n'osait bouger. La sueur leur coulait le long de l'échine.

– Enfin, je te trouve, dit le Commandeur, les yeux braqués sur ceux d'Esther. Je t'ai fait chercher partout, tu sais. Tu as été habile, je dois dire, à dissimuler ton identité et ce don si rare que tu possèdes. Que nous possédons tous les deux !

Son horrible face affichait un sourire sinistre.

– Eh oui, nous sommes pareils. Moi non plus je ne dors jamais. Et ce n'est pas ce ridicule « gâteau d'âme » qui aurait pu y changer quoi que ce soit, dit-il.

Mehdi baissa les yeux.

– Je savais que quelque chose se tramait depuis un moment, reprit le Commandeur. Mais j'ai laissé faire. J'étais trop curieux de connaître ces deux petits malins qui pensaient pouvoir me supprimer.

– Ce n'était pas notre but, risqua Esther.

– Ah non ? fit le Commandeur, amusé. Vous alliez me faire un cadeau peut-être !

– Précisément, dit Esther. Nous voulions vous offrir ceci.

D'un mouvement de tête, elle indiqua le cahier sur la table de nuit.

– Un livre ? s'exclama-t-il. Un livre ! C'est trop drôle ! Si vous saviez !

Son rire dément fit trembler la pièce.

– Ça n'a rien de drôle ! s'indigna Mehdi. C'est un livre qui…

– Qui devait me rendre meilleur, n'est-ce pas ? Comme ceux qu'écrivaient ces vieillards autrefois. Comment les appelait-on déjà ? Ah oui ! Les Bienveillants.

Il réfléchit.

– Eh bien, je vais vous dire une chose que je n'ai jamais confiée à personne. À personne ! Vous serez les seuls à savoir… Après quoi, vous mourrez bien sûr.

La tension nerveuse étira soudain sa bouche en un vilain rictus qui témoignait de son propre dégoût à avouer l'inavouable. Il faisait presque pitié.

– Je ne…

Le choc fut terrible.

Le poing percuta la mâchoire du Commandeur, qui partit en arrière, sous la violence du coup.

La première balle fut pour Mehdi. Elle l'atteignit en plein cœur, avant qu'il n'ait pu frapper à nouveau.

La seconde traversa l'épaule d'Esther, au moment où elle franchissait la porte.

Chapitre 26

La nacelle

S'il y avait eu quelqu'un pour les voir, il se serait amusé de ce curieux spectacle : une tête blanche et une autre blonde cheminaient sur le flanc de la colline. Zolhtan avait conduit Édith à travers les sentiers envahis par la broussaille, jusqu'au Pylône. Il connaissait le chemin par cœur. Il y venait souvent, étant enfant. C'était son « pèlerinage », disait-il, en mémoire de son père.

Tout au long du chemin, il lui avait rebattu les oreilles avec des conseils techniques qui devaient l'aider à prendre le contrôle du funiculaire.

– Tu as compris ? C'est pas compliqué : tu pousses le levier de droite jusqu'au troisième cran et tu attends...

– Et j'attends que le voyant vert s'allume avant de lancer le moteur ! Ça va, je ne suis pas idiote ! Inutile de me le répéter dix fois !

Édith faisait mine d'être agacée, mais au fond d'elle, elle

était heureuse qu'il l'accompagne dans cette aventure. Il s'était passé tant de choses en si peu de temps qu'elle avait l'impression de ne plus être tout à fait la même personne. Et Zolhtan, dans le tourbillon de sa vie, avait été un repère solide ces derniers mois. Elle lui en était reconnaissante et aurait voulu trouver l'occasion de le lui dire.

Une fois arrivés au sommet, il l'avait aidée à prendre place dans la nacelle.

– Sois prudente, Édith, avait-il dit. Je ne tiens pas à te perdre.

– Chut ! Ne dis plus rien, s'il te plaît. Je sais déjà tout : le troisième cran, le bouton vert, le moteur.

Il lui avait souri. Elle lui avait rendu son sourire.

C'était étrange pour ces deux-là de se retrouver tout à fait seuls pour la première fois, et en pareil endroit. Ils se connaissaient si peu, et pourtant ils tenaient si fort l'un à l'autre.

– J'y vais maintenant, avait dit Édith.

Le flanc de la colline n'était pas très escarpé et les premiers mètres en altitude ne furent pas impressionnants. Toutefois, la distance qui séparait le Pylône de l'ancien quai de la Bibliogare était telle que le câble distendu dessinait une légère courbe ascendante. Édith dut redoubler d'efforts pour parvenir à faire grimper la nacelle. Arrivée à mi-distance, elle risqua un regard en dessous et fut prise de vertige. Tout en bas, la campagne et les abords de la ville étaient si minuscules qu'on les distinguait à peine. Après plusieurs minutes d'immobilité, elle reprit sa course fastidieuse.

Plus elle approchait du but, plus elle peinait à faire avancer la nacelle. Quelques dizaines de mètres à peine avant d'atteindre le quai, un coup de vent violent la fit balancer si fort qu'elle crut passer par-dessus bord. Elle se cramponna de toutes ses forces au câble qui la retenait suspendue au-dessus du vide. Quand le vent retomba, elle reprit sa course dans le ciel, où commençaient à poindre les premières étoiles.

Zolhtan était redescendu en courant vers la ville. Il s'était retourné cent fois pour tenter d'apercevoir la nacelle, mais elle était bien trop haute pour qu'il puisse la voir de son point de vue.

Prends garde à toi, petit bout de femme, pensa-t-il. *Tu es notre seul espoir de mener cette révolte jusqu'au bout. Le destin de Boucainvillier est entre tes mains.*

Il rejoignit les insurgés aux portes de la citadelle.

– Ah, te voilà ! dirent ses amis du Cabaret Écarlate. On craignait ne plus te revoir. Qu'est-ce qu'on fait maintenant ?

– Maintenant, dit Zolhtan en levant les yeux vers le funiculaire, maintenant on attend. Croisons les doigts pour qu'elle réussisse.

– Croiser les doigts ? Sûrement pas ! J'ai mieux à faire, dit le trompettiste.

Et il entama avec son orchestre un air à faire danser les morts.

Le plus difficile avait été de s'extraire de la nacelle. Il lui avait fallu enjamber l'engin qui penchait dangereusement et menaçait à tout moment de repartir en arrière, pour atteindre du bout du pied le rebord du quai. Édith s'était retrouvée étendue à plat ventre sur les dalles rugueuses de l'ancien téléphérique. Éreintée, mais en vie.

Quelques vestiges de la Bibliogare lui avaient permis d'avancer loin sur l'esplanade, sans être vue des gardes postés sur les remparts. Ils étaient d'ailleurs tellement absorbés par le spectacle qui se déroulait en bas qu'elle aurait pu traverser la place sans même devoir se cacher.

Elle aperçut en face les portes qui donnaient accès au funiculaire. Il fallait, pour les atteindre, parcourir une distance d'une bonne centaine de mètres à découvert. Elle prit le parti de marcher plutôt que de courir, pour ne pas attirer le regard par des mouvements trop vifs, et aussi, il est vrai, parce que ses mollets lui faisaient affreusement mal après cette course dans les airs.

Son cœur se mit à battre plus fort dans sa poitrine. Elle était proche du but. Elle atteignit les portes sans être vue, poussa lentement le premier battant. Le panneau de fer gémit sur ses gonds. Elle se raidit, l'oreille aux aguets.

Elle prit soudain conscience qu'en actionnant les commandes pour mettre le moteur du funiculaire en marche, elle ferait inévitablement du bruit. En conséquence de quoi, des gardes surgiraient, l'arrêteraient ou l'abattraient même, peut-être sans sommation.

Elle en était là de ses réflexions quand un coup de feu éclata. Quelque part, en dessous. Puis un second. Les gardes s'agitèrent sur les remparts. Quelqu'un passa en courant devant la porte.

Elle s'engouffra dans la salle des commandes.

« ... Tu pousses le levier de droite jusqu'au troisième cran... Tu attends que le voyant vert s'allume... Tu lances le moteur. »

– Sortez, les mains en l'air ! ordonna le soldat.

Édith obéit. Derrière elle, le funiculaire amorçait sa descente.

Complètement affolée, Esther dévalait les escaliers. La douleur dans son épaule était insoutenable. Elle s'arrêta, hors d'haleine et tendit l'oreille : personne. *Du calme*, se dit-elle, en reprenant son souffle. Elle tourna la tête pour voir la blessure. Le vêtement était déchiré. Une tache sombre s'étendait sur tout son flanc. Sentant qu'elle était sur le point de s'évanouir, elle s'accrocha à la rambarde. *Je dois trouver un endroit où me cacher. Allez, Esther, du cran !* Elle chassa du mieux qu'elle put les images qui rejaillissaient sans cesse devant ses yeux : Mehdi, la balle, la chute. Elle repensa à leur refuge sous le vieil escalier du niveau C. Elle rassembla ses forces et reprit sa course.

Là, elle s'assit sur le sol et laissa couler ses larmes, comme coulait son sang.

Ils étaient près d'une centaine qui déboulèrent devant le poste de garde en criant : « Liberté ! Liberté ! » La milice, qui avait entendu remonter le funiculaire, s'était préparée à l'assaut. Elle accueillit les insurgés par une salve de tirs qui fit du grabuge dans les premiers rangs. Mais avant qu'elle n'ait pu recharger ses armes, le groupe de forcenés franchissait les grilles qui donnaient accès à la prison.

Zolhtan retint par le bras un de ses compagnons qui menait la rébellion.

– Il faut monter là-haut maintenant, porter secours à Édith.

– Vas-y, toi, dit l'autre. On se retrouvera ici, avec tous nos frères libérés !

Puis, sans attendre, le garçon s'élança dans la mêlée en hurlant.

Zolhtan rassembla une vingtaine d'hommes et reprit le funiculaire. Ils arrivèrent au sommet de la citadelle, prêts à en découdre avec leurs opposants, mais l'esplanade était silencieuse. Devant eux, un caporal, tout tremblant, tenait Édith au bout de son fusil.

– Que personne ne bouge, dit-il, sinon...

Il dévisagea le groupe des insurgés, d'un œil menaçant. Il était jeune et chacun de ses gestes nerveux trahissait son inexpérience.

– Qu'est-ce que tu fais là, toi ? dit-il, en voyant le garçon aux cheveux blancs.

Zolhtan ne répondit rien. Tout autour, des soldats en faction braquaient leurs armes sur eux. Il aurait suffi d'un seul mot pour qu'ils les abattent tous, sans exception. Pourtant, il ne se passait rien. Zolhtan et le caporal se jaugeaient du regard. Ils avaient le même âge, les mêmes rêves peut-être, le même désir de vivre en paix...

– Qu'est-ce qu'on fait, chef ? demanda l'un des gardes.

Le petit caporal indécis cherchait une issue.

– Bon Dieu, mais qu'est-ce qui se passe ici ? lâcha-t-il.

Il s'étonnait qu'aucun de ses supérieurs n'ait été alerté par le remue-ménage. Tout à coup, le Commandeur apparut sur le rempart. Le silence se fit plus lourd et plus pressant encore. Il pointa un doigt en direction d'Édith.

– Conduisez-la à mes appartements.

Chapitre 27

Un enfant

(Seize ans plus tôt)

La nuit est rouge. La chaleur de l'incendie poursuit Meredith jusque de l'autre côté de la colline. Elle la sent dans son dos, dans sa chair, dans son âme. Elle évite de se retourner pour ne pas voir le désastre de la Bibliogare en feu. Elle pleure, essuie ses larmes, pleure à nouveau. Elle atteint le Pylône, se laisse tomber de la nacelle. Elle est à bout de forces.

Quand elle lève les yeux, elle voit au-dessus d'elle une corde. Au bout de cette corde, un nœud coulissant. Un nœud de pendu.

Cette vision lui inspire des pensées macabres. Elle hésite. À quoi bon tout ça ? Pourtant, elle renonce à la mort. Il faudra trouver d'autres raisons de vivre, il doit y en avoir, sûrement…

Elle redescend de la colline. Elle a froid maintenant, elle frissonne. Ses vêtements sont sales et déchirés. Dans les rues, elle croise des gens aux yeux hagards, assommés de chagrin. Elle cache son visage. Elle ne sait où aller. Elle a peur aussi qu'on la reconnaisse, qu'on crie son nom. Elle a honte d'être en vie.

Elle aperçoit un attroupement, elle s'approche.

– Docteur, je vous en supplie, je vous en supplie ! Faites quelque chose pour mon fils, dit un vieil homme penché sur le corps d'un soldat.

– C'est trop tard, monsieur, je ne peux plus rien. Allez, relevez-vous, il faut être courageux, dit le médecin plein de compassion.

Il aide le vieillard à se relever. Les gens s'éloignent. Le docteur s'éponge le front avec son mouchoir. Meredith l'aborde. Il la reconnaît. Il l'emmène chez lui.

– Vous devez vous cacher, princesse, lui dit Théodore.

Il a verrouillé la porte, fermé les volets, tiré les tentures. Maintenant, il lui sert à manger.

– Ici, c'est trop dangereux, avec tous les patients qui défilent dans mon cabinet, poursuit-il. Le mieux serait que vous changiez de nom et d'apparence, afin que personne ne puisse vous reconnaître. Et puis que vous partiez loin, très loin d'ici. Mais bon, un long voyage ne s'improvise pas.

Meredith, le nez dans son assiette, ne dit rien.

– En attendant, je connais quelqu'un qui pourra vous accueillir. Quelqu'un en qui j'ai toute confiance. C'est un brave homme, vous verrez. Il tient un salon de coiffure, rue Frisottis.

– Merci, dit-elle simplement.

Théodore l'observe. Il a pitié de cette belle jeune femme au destin brisé.

– Je ne vous laisserai pas tomber, princesse, je vous le promets.

Il réfléchit, puis demande :

– J'aimerais savoir… Pour mon frère… Est-ce qu'il était là-haut, avec vous ? Est-ce qu'il…

Meredith acquiesce. Théodore baisse les yeux.

– Je voudrais vous demander une autre faveur, dit-elle à son tour.

Elle passe sa main dans ses cheveux.

– Ce peigne, dit-elle, a appartenu à ma mère, qui le tenait elle-même de sa mère, et ainsi depuis des générations. J'aimerais qu'il aille rejoindre les collections du Muséum d'histoire avec les trésors de la famille royale. Pourriez-vous faire ça pour moi ?

– Je le ferai.

Meredith dépose l'objet en ivoire sur la table. Son cœur se serre. En faisant ce geste, elle a le sentiment d'abandonner à jamais sa vie de princesse. Sous le coup de l'émotion, elle est prise de nausée. Théodore l'aide à s'étendre sur le divan. Il insiste pour l'examiner. Il lui pose quelques questions et, après un bref moment de réflexion, lui annonce qu'elle est enceinte.

Chapitre 28

Le peigne

Le bureau du Commandeur donnait sur le versant nord de la colline. Celui qui tournait le dos à la ville. Par ses fenêtres intérieures, on pouvait voir chaque niveau de la citadelle, y compris la cour des prisonniers. La lumière rougeoyante qui éclairait tous les étages conférait à l'ensemble une atmosphère de drame.

Édith attendait au milieu de la pièce. On l'avait fouillée, sans bien sûr trouver aucune arme. Elle avait été surprise et surtout soulagée qu'on ne lui ait pas attaché les mains. D'un geste, elle avait défait ses cheveux et tenait dans sa paume le petit peigne d'ivoire.

Le Commandeur la regardait avec curiosité.

– Ainsi donc, voici la terrible rebelle qui a fomenté tout ceci.

Il s'approcha et toucha ses cheveux du bout des doigts, puis la fossette sur sa joue :

– Effrayante ! Vraiment !

Il paraissait troublé.

– Édith Signet. Un nom insignifiant pour une telle héroïne !

Édith ne broncha pas.

Il ôta son masque et scruta sa réaction.

– Je n'ai pas peur de vous, dit-elle bravement.

– Je le vois bien, répondit-il, impressionné par son aplomb. De toute façon, je ne cherche pas à t'effrayer. Je ne suis même pas armé, tu vois, tu n'as rien à craindre.

– Facile à dire, quand on a tout un régiment à disposition pour se défendre.

– Oui... Un régiment sur le déclin, dit-il comme pour lui seul.

Il se détourna et alla jusqu'à la fenêtre :

– Je ne lui donne pas plus d'une heure avant de rendre les armes.

En bas, dans la cour, la garde offrait une résistance molle aux insurgés qui affluaient.

– Cette fois, c'est bien fini, dit-il d'un air détaché.

– Ça n'a pas l'air de vous affecter ! s'étonna Édith.

– Je l'avais prévu, dit le Commandeur.

Il grimaça un sourire :

– Je le savais, tu comprends ?

Il revint vers elle.

– Alors pourquoi ne faites-vous pas cesser le combat ? Il est encore temps de sauver la face.

Il ricana :

– Oh non ! Il est bien trop tard pour « sauver la face » !

Il passa une main sur son visage mutilé.

– Mais peut-être pas pour entrer dans la légende ! dit-il sur un ton théâtral. Le Commandeur ne peut pas finir ainsi. Il lui faut une fin plus... romanesque.

Il s'approcha encore. Édith eut un mouvement de recul. Cette fois, elle était dos au mur. Elle sentit que le moment était décisif. Elle resserra ses doigts sur le petit peigne d'ivoire.

– Qu'as-tu dans la main, une arme ? demanda-t-il, amusé. Tu comptes m'attaquer peut-être ?

– Non, c'est... juste un peigne.

Le Commandeur se figea :

– Montre-moi.

Et avant qu'Édith puisse faire un seul geste, il le lui arracha des doigts. Il le porta à la hauteur de ses yeux, le fit tourner dans sa main, l'examina avec lenteur. Il lui avait bien semblé reconnaître l'objet en ivoire sculpté. L'image de la chevelure de la princesse lui revint en mémoire comme un coup de poing. *Je l'avais bousculée par maladresse dans la Bibliogare... Le peigne avait glissé de ses cheveux et roulé à mes pieds...* La fulgurance de cette vision lui fit presque perdre l'équilibre. *Cette petite rebelle qui se tient là, devant moi, est... sa fille... « Mère Édith »...*

Évidemment...

Elle avait donc survécu ! Elle vivait là, quelque part, peut-être même à Boucainvillier. Il songea que cette adolescente aurait pu être son enfant, si l'histoire avait tourné autrement. Il se sentit soudain extrêmement las du poids de sa haine et de son désir de vengeance.

– Tout peut s'arrêter maintenant, dit Édith, comme si elle lisait dans ses pensées. Vous pouvez encore épargner des vies. Vous savez comme moi que tôt ou tard le peuple aura la victoire.

– Ce n'est pas une victoire, dit le Commandeur, c'est une page qui se tourne.

Il fixait toujours le peigne dans sa main. Édith eut l'impression que cet instant durait une éternité. Ensuite, il ouvrit la porte et appela ses gardes.

– Faites cesser les combats, dit-il.

Il glissa le peigne dans sa poche de poitrine et, se tournant vers Édith, il eut cette phrase étrange :

– Va-t'en maintenant. Va leur dire que le Commandeur n'existe plus... Vous êtes libres. Nous sommes tous libres, à présent.

Le peuple en liesse poussait des « hourras » partout dans la ville. Les cris de victoire montaient jusqu'aux fenêtres du niveau A. Des applaudissements, des hurlements de joie. Rehtsë n'y prêta pas attention. Il s'agenouilla, fit glisser sur le parquet le large socle de l'ours empaillé et emprunta le passage dérobé qui se trouvait en dessous.

Esther se tenait toujours cachée sous l'escalier vétuste. Elle avait perdu beaucoup de sang. Elle entendit du bruit au-dessus d'elle. À demi inconsciente, elle se redressa au prix d'un énorme effort. Elle dut se mordre la lèvre pour ne pas crier quand la douleur lui vrilla le cerveau. Elle chercha autour d'elle un objet, une arme pour se défendre. À court d'inspiration, elle étendit la jambe pour faire un croche-pied à celui qui descendait.

L'homme trébucha, tenta de reprendre son équilibre puis s'étala de tout son long.

« Crac ! » firent les petites dents du peigne qui s'enfoncèrent profondément dans sa poitrine.

Deux corps étendus à quelques centimètres l'un de l'autre. Esther, Rehtsë.

Quelqu'un s'approcha. La jeune fille sentit un souffle dans sa nuque. Puis une voix qu'elle chérissait :

– Tiens bon, Esther, dit l'oncle Théodore. Tu vas t'en tirer, je te le promets.

Il comprima la plaie pour arrêter l'hémorragie.

– Tout est fini, dit-il doucement.

Épilogue

La gouvernante déposa son plumeau et ajusta la pile de livres au pied du lit. Elle porta la main à son dos en poussant un soupir. Elle avait toujours aimé finir le ménage par cette pièce. Il n'y avait jamais grand-chose à ranger ici.

La porte s'ouvrit à l'étage en dessous. C'étaient les petits qui revenaient de l'école. Elle vida la corbeille et descendit.

– Bonjour, les enfants.

– Bonjour, Marthe, répondirent-ils en chœur.

À l'image de sa mère, Théo avait la mine grave, le front soucieux, tandis que Raphaëlle, de deux ans sa cadette, avait les yeux vifs et la belle assurance de son père.

– Alors, comment s'est passée cette journée ? demanda la vieille dame.

– Pas trop mal, répondit Théo.

– Moi, je me suis ennuyée tout le temps, dit Raphaëlle. On n'a fait que lire. Et j'aime pas lire !

Marthe fit un clin d'œil à leur mère. Esther lui sourit, d'un air entendu.

– Mon bébé adoré, dit Esther, en dénouant la vieille écharpe que la petite avait autour du cou. C'est parce que tu ne sais pas encore très bien le faire. Tu verras, d'ici peu de temps, tu ne voudras plus arrêter.

– Comme Théo ?

– Comme Théo.

– Théo, lui, il lit même en cachette sous la couette !

– Même pas vrai ! dit le gamin.

– Allons, allons, dit Marthe, inutile de vous chamailler. Allez plutôt vous servir une part de tarte aux pommes, ça vous changera les idées. Je l'ai faite tout à l'heure, elle est encore tiède.

Les enfants se ruèrent à la cuisine.

– Laissez-en pour Édith, dit Esther. Je sais qu'elle l'adore.

– Ne t'inquiète pas, dit Marthe. J'en ai fait une rien que pour elle.

– Salut la compagnie, dit Zolhtan qui venait de rentrer.

Il embrassa sa femme et se débarrassa de son pardessus.

– Hmmm ! Ça sent sacrément bon ici, Marthe !

– Oui, mais c'est pour ce soir, dit la vieille dame, guillerette. Il faudra patienter.

– À propos, j'ai vu ta mère, ce matin au bureau de poste, dit Zolhtan. Elle se joindra à nous pour dîner.

– Parfait, dit Esther qui aidait Marthe à dresser la table dans la salle à manger. Il faudra penser à accrocher au-dessus de la porte la banderole « Réunion d'anciens combattants ».

Ils pouffèrent de rire tous les trois.

Comme à chaque fois qu'elle leur rendait visite, Édith fut accueillie par une pluie de baisers. Les enfants l'adoraient. Leurs parents aussi, bien sûr, qui la considéraient comme un membre de la famille. Le repas fut joyeux, les mets étaient délicieux. L'oncle Théodore, qui les avait rejoints en fin de soirée, se resservit trois fois de gâteau. Comme Agathe le taquinait au sujet de son embonpoint, il prétexta que cela l'aidait à dormir, bien qu'il ne s'agît pas ici de « gâteau d'âme ». La petite Raphaëlle provoqua l'hilarité générale en demandant ce que c'était que du « gâteau d'âne ».

La soirée prit fin tardivement et chacun repartit le cœur léger. Édith s'en retourna seule, comme elle était venue. En passant rue Massicot, elle vit que la boulangerie avait fermé. Les années avaient passé. Il était loin, le temps des brioches tièdes et des arrivées tardives au lycée. Quelques cheveux blancs se mêlaient maintenant à sa chevelure blonde.

Elle remonta la rue et, au lieu de se rendre chez elle par le chemin le plus court, elle fit un crochet par le cimetière, comme elle en avait l'habitude. Elle parcourut les allées silencieuses, et s'arrêta là où son amoureux était enterré. Elle sortit de sa poche un morceau de pain. Elle trouvait que ça lui correspondait mieux que des fleurs. Et puis, ça nourrissait les oiseaux. Elle le déposa sur la tombe. Puis, du bout de sa manche, elle frotta la plaque qu'on y avait apposé :

Mehdi Delahaut veille sur nous.

Cet ouvrage a été composé par IGS-CP
à L'Isle-d'Espagnac (16)

Achevé d'imprimer sur Roto-Page en janvier 2012
par l'Imprimerie Floch à Mayenne (53)
N° d'impression : 81568
Imprimé en France

PONT DES DEMOISELLES